我的孩子3岁了

兰晓华 ◎编著

中国纺织出版社有限公司

内 容 提 要

3岁左右的孩子，是个看上去"倒退"的年龄，孩子会出现一系列的如口吃、哭闹、蛮不讲理，甚至依赖父母的现象，其实这是孩子这一年龄的典型特征，我们父母不必忧虑。

这是一本讲解3岁孩子的成长、行为特征和心理需求的书，帮助父母更好地了解孩子，只有这样才会心态平和，有耐心，用正确的爱去对待孩子，帮助孩子健康快乐地长大。

图书在版编目（CIP）数据

我的孩子3岁了 / 兰晓华编著. --北京：中国纺织出版社有限公司，2021.1
ISBN 978-7-5180-7844-8

Ⅰ.①我… Ⅱ.①兰… Ⅲ.①幼儿教育—家庭教育 Ⅳ.①G781

中国版本图书馆CIP数据核字（2020）第168830号

责任编辑：闫　星　　责任校对：高　涵　　责任印制：储志伟

中国纺织出版社有限公司出版发行
地址：北京市朝阳区百子湾东里A407号楼　邮政编码：100124
销售电话：010—67004422　传真：010—87155801
http://www.c-textilep.com
中国纺织出版社天猫旗舰店
官方微博http://weibo.com/2119887771
三河市延风印装有限公司印刷　各地新华书店经销
2021年1月第1版第1次印刷
开本：880×1230　1/32　印张：8
字数：134千字　定价：29.80元

凡购本书，如有缺页、倒页、脱页，由本社图书营销中心调换

我的孩子3岁了

认识依靠行动，先做再想，他不会想好了再做；

喜欢独自操作、平行活动，很少与人交往；

喜欢模仿，较少有创造性的行为表现；

情绪化，喜怒哀乐都挂在脸上；

能力有限，他们缺乏解决问题的经验、能力和耐心……

的确，3岁是孩子一个比较令人烦恼的阶段，这个时候的孩子开始进入了叛逆期，和小时候的他比起来，他更加调皮，也更加难管理。另外，孩子即将进入幼儿园学习，如何为孩子选择合适的幼儿园，如何帮助孩子实现从婴幼儿到幼儿园的顺利转变，让孩子快乐健康地实现这一过渡，也是很多父母和教育工作者关心的话题。不过，首先，你只有懂孩子，才能更科学、淡定地爱孩子！

并且，对于大多数父母而言，如果了解孩子在某个年龄阶段的特点，就可以减少在教育孩子过程中的盲目性。

为了告诉父母孩子在3岁时候的身心发展和行为特点，我们编写了本书，书中不仅详细总结了孩子这年龄段在身心发展特质、心智等各方面能力的发展情况和人际关系表现，也总结了他们这一阶段的成长规律，并列举了孩子的很多典型表现，在此基础上给父母提供教养建议、亲子共处技巧。我们希望这本书可以帮助你更加了解孩子，从而理解并欣赏孩子的行为。

编著者
2020年1月

前言

3岁对于我们的孩子来说,是人生路上的第一个分水岭,因为他们要上幼儿园了,这种变化意味着:他们从只和亲人接触的小范围,扩大到接触更多的成人,和许多同龄人生活在一起。一些还没有上幼儿园的这一年龄的孩子,也开始在各种场合,和更多的人接近。为此,很多父母感叹:终于可以省心了,交给学校就好了。一些全职妈妈也可以重新回归职场了。然而,我们发现,孩子虽然3岁了,但似乎变得更不听话了,甚至和父母对着干,不仅如此,甚至他们很多方面好像能力倒退了:小时候自己可以跑跑跳跳,现在却无缘无故摔跤;原本会一些简单的句子,现在却开始口吃了……很多父母困惑了,孩子怎么回事?而且,3岁意味着孩子的第一个叛逆期来临,面对叛逆的他,该溺爱还是该严格管教呢?

在回答这一问题之前,我们要先了解孩子在3岁时的身心发展特点,这样我们就会发现,我们遇到的教养困难不是独有的,孩子的行为也不是个别的,那么我们的心理就会踏实很多。

的确,3岁的孩子刚从婴儿期步入幼儿期,一方面,他们不免带有一些婴儿的"痕迹";另一方面,由于身心发展迅速,他们又开始具有幼儿期的显著特点。因此,3岁幼儿的年龄特征十分突出:

语言表达能力弱,理解力差;

目录

第01章 3岁孩子活跃的成长期
　　——父母一定要知道孩子的身心变化 ‖001

3岁孩子的生理发展特点 ‖002
3岁孩子的心理发展特点 ‖006
3岁孩子的语言发展特点 ‖010
孩子为什么从"小绵羊"变成了"叛逆王" ‖014
3岁孩子的脑部发育特点 ‖018
3岁孩子，我们父母需要明白的管教经验 ‖021

第02章 3岁孩子心智全面提升
　　——从被动接受到自主思考 ‖027

请呵护好孩子对事物的好奇心 ‖028
孩子喜欢拆东西家长别急着阻止 ‖031
别错过孩子学习语言的最佳时期 ‖035
3岁的孩子为什么这么爱刨根问底 ‖038
培养观察力，让孩子更好地感知世界 ‖044
孩子的动手能力如何开发 ‖047
保证孩子有充足的睡眠，睡觉也能长智慧 ‖051

我的孩子3岁了

第03章　3岁孩子情绪敏感期
——孩子阴晴不定的情绪如何梳理　‖055

3岁孩子的情绪情感特点——冲动、外露、易变　‖056
细心观察，你要读懂3岁孩子的心　‖060
帮助孩子改掉坏脾气，培养孩子的良好修养　‖064
孩子爱哭闹，家长如何处理　‖068
父母不要当着孩子的面吵架　‖072

第04章　3岁人际关系萌芽期
——帮助孩子不断扩大交往圈　‖077

孩子为什么喜欢交朋友　‖078
孩子害怕与人交际，怎么办　‖081
鼓励孩子克服害羞，大胆表达自己　‖084
孩子之间的矛盾，让孩子自己解决　‖087
小小年纪就嫉妒，如何成长　‖090
引导孩子掌握与人交往的几大原则　‖094

第05章　3岁孩子已经能独立
——培养孩子自理好习惯　‖099

给孩子独立和空间，要从分床睡开始　‖100
孩子一吃饭就闹，如何是好　‖104

目录

饭前便后要洗手,病菌不入口 ‖108
让孩子学会自己收拾房间 ‖111
培养孩子的自立能力,首先要给孩子"独行"的机会 ‖115
别用成人的标准来约束孩子 ‖120
引导孩子参与一定的家务劳动 ‖122

第06章 3岁孩子塑造好性格
——性格对了人生就对了 ‖129

性格不是天生的:影响性格的四大因素 ‖130
3岁性格塑造关键期,家庭教育至关重要 ‖133
家庭环境对孩子的性格形成极为重要 ‖136
培养好习惯:有好习惯才有好性格 ‖140
批评孩子,防止过犹不及 ‖144
以身作则,孩子开阔的心胸需要从小培养 ‖147

第07章 3岁看大,7岁看老
——孩子的天赋和才能需要及早开发 ‖151

孩子的早期教育很重要 ‖152
不要扼杀孩子的天赋 ‖155
尊重孩子的兴趣和爱好 ‖158
3岁色彩敏感期,鼓励孩子多涂鸦 ‖162

我的孩子3岁了

从孩子调皮的行为中开发潜能 ‖165
克服懒散的弱点，培养独立勤快的好孩子 ‖169
鼓励和引导，让孩子具备积极的行动力 ‖172

第08章　3岁孩子的入园期
——帮助孩子顺利进入幼儿园新生活 ‖177

择校：适合的才是最好的 ‖178
孩子不愿意和爸爸妈妈分开怎么办 ‖182
孩子不想去幼儿园怎么办 ‖185
独立意识萌芽期，放手让孩子管理好自己 ‖189
孩子需要友谊，别让孩子孤独成长 ‖192
幼儿园是培养孩子合作能力的重要场所 ‖195

第09章　爱玩是孩子的天性
——让孩子在玩乐中自由探索世界 ‖199

爱玩是孩子的天性，如何从玩乐中开发孩子的智慧 ‖200
不要过多地限制孩子，让孩子自由玩耍 ‖203
陪孩子一起玩耍，陪他一起探索未知世界 ‖207
游戏能培养孩子的社会交往能力 ‖210
别剥夺孩子去感受和接触世界的机会 ‖213
鼓励孩子进行探索性学习，增加孩子对学习的兴趣 ‖216

第10章 让孩子遇见更好的自己
——注重亲子沟通让孩子健康成长 ‖221

激发孩子的自我认同感，提升孩子的自信 ‖222

积极乐观的孩子对未来永远充满希望 ‖225

再忙，也要抽出时间与孩子沟通 ‖229

保护孩子的自尊，自尊才能自强 ‖233

蹲下身子，听听孩子想要说什么 ‖236

鼓励孩子，让孩子表达出自己的想法 ‖240

参考文献 ‖245

第 01 章

3 岁孩子活跃的成长期——父母一定要知道孩子的身心变化

孩子到了3岁以后，无论是身体还是心理上，都较之前有了质的飞跃。比如，3岁的孩子身体长高了很多，开始学会自己吃饭和穿衣，但总是叽叽喳喳说个不听，且开始有了一定的独立意识，开始变得不听话……此时，我们父母要了解孩子的这些身心变化，唯有如此，才能更加了解我们的孩子，进而找到适合孩子的管教方式。

我的孩子3岁了

3岁孩子的生理发展特点

作为家长，我们都知道，当我们的孩子到了3岁以后，就可以进入幼儿园小班接受有计划、有目的的学前教育。孩子的生活会发生重大变化，这种变化意味着：他从只和亲人接触的小范围，扩大到接触更多的成人，和许多同龄人生活在一起。那些没有进入幼儿园的儿童，也开始在各种场合，和更多的人接近。3岁以后孩子生活范围的扩大是有一定基础的，尤其是建立在孩子的生理获得发展的基础上，那么，3岁孩子的生理发展特点是什么呢？

这主要表现在以下几个方面：

1.身体比以前更结实

3岁儿童的身体比以前结实了，不再像以前那样容易生病。这个年龄儿童的身高增长的速度比前几年要慢，一年只增长7公分左右，体重增加1.5~2公斤。身体的组织结构和器官的功能都有所增强。

2.动作发展

3岁孩子身体和手的基本动作已经比较自如。由于骨骼肌肉系统的发展，大脑控制调节能力的增强，加上前期所学会的技能和取得的经验，3岁儿童能够掌握各种粗动作和一些精细动作。

第01章
3岁孩子活跃的成长期——父母一定要知道孩子的身心变化

他们能在成人指导下穿脱衣裤鞋袜，自己吃饭，具有初步的生活自理能力；喜欢接触外界环境，练习大肌肉运动技能，能自然地走、跑、跳、学骑三轮车、玩球等，但孩子手腕、手指等小肌肉群的发育较晚较慢，需要较长时间才能随意控制。

3.脑部发育

孩子到了3岁以后，他们的脑部重量已经达到约1000克，而出生时它们才只有500克。且神经细胞容量扩大，神经纤维延伸，神经细胞之间出现了新的传导道路，但神经细胞脆弱，易疲劳。大脑皮层兴奋过程占优势，抑制过程较弱，因而易兴奋、易疲劳，孩子每天大部分时间依然在睡觉。

我的孩子3岁了

4.语言的形成和发展

此时的孩子已经基本上能够向别人表达自己的思想和要求,不需要成人过多地猜测他的意愿。

3岁孩子已经开始逐渐学会如何正确发音,词汇量已经达到1000~1600,词汇量涉及的范围不仅包括生活日常、饮食起居,还能涉及一些与生活无关联的词,如关于人造卫星、宇宙飞船等,但对这些词没有深入的理解;自然地掌握了一些基本语法结构和一些句型,开始可以使用一些准确的词语向他人表达自己的想法,但是具有主观性和情境性;喜欢听故事、学儿歌,能安静地听别人讲述,能与人进行交流,且能初步体会到其中的乐趣。

5.精力充沛

3岁儿童的精力比以前充沛了。出生后大脑皮层细胞在形态上继续分化,在功能上的逐渐成熟,到了3岁已大致定型。神经系统的发展使孩子可以连续活动5~6个小时,日间只需要一次睡眠。

6.认知能力提升

孩子到了3岁以后,其知觉能力逐步趋于完善,能初步辨认红、黄、蓝、绿等常见色;能辨认方位,比如前后左右,能了解不同的物体形状,比如圆形、方形、三角形;对生动形象、色彩鲜艳的事物和形象容易认识,但孩子的观察带有很大的随意性,往往是遇到什么就看什么,容易被吸引注意力、被干

扰,且观察时间短暂,只能观察到事物的大致情况,而且容易被情绪左右。此时,父母要着重训练孩子的专注力,让孩子明白观察的目的和目标,提升孩子对观察事物的兴趣,进而提升孩子的学习能力。

7.记忆带有很大的无意性

他们对那些形象鲜明、具体生动、能够满足孩子个体需要或者能激起强烈情绪体验的事物,很容易自然而然地记住,他们所获得的知识,多半是在游戏和其他活动中"自然而然"地记住的,有的甚至保留终身。实验证明,当被记忆事物能够成为孩子活动的对象或活动产生的结果,记忆也较容易。因此,凡要孩子记住的东西,必须直观形象、鲜明生动,为儿童所喜闻乐见。

8.思维具有很大的直觉行动性

3岁孩子在思考事物这一问题上,常常是伴随着游戏或者摆弄物体进行的,因此,具有很大的直觉行动性。他们判断事物,很多时候是从物体的一些外部特点,比如颜色、形状或者轮廓来进行的。虽然也可以用一些概念概括,但因为掌握的词汇量有限,基本只能概括事物的一个或某一些特征,不能把握事物的所有特征。对数字概念的掌握处于动作感知阶段,即从对实物的感知来认识数,掌握到"5"左右。理解事物常常要依靠具体形象,往往按照自己的生活经验或个人情绪来进行判断、推理。例如儿童认为"泡沫能漂浮在水上,是因为块头

我的孩子3岁了

大,而铁钉沉下去是因为太小"。不过,随着孩子年龄的增长和知识的丰富,他们对事物的认知会逐渐丰富起来。

9.无意注意占主导优势

此时,虽然孩子的有意注意已经初步形成,但依然是无意注意占主导优势。他们逐渐能够根据要求主动地调节自己的心理活动,集中指向应该注意的事物。但有意注意的稳定性很低,心理活动不能有意地持久集中于某个对象。在较好的条件下,一般也只是集中注意3~5分钟。此外,这一年龄的孩子注意的对象也比较少,成人还要具体指示孩子应注意的对象,使孩子明确任务,以延长孩子注意的时间,并注意到更多的对象。

针对3岁孩子的生理发展特点,父母应注意保护孩子的身体,安排合理的作息制度,注意自己的言行举止,进行正面教育,为孩子树立好榜样。也要注意寻找最佳的教养方法,为孩子提供好的教育和生活环境,使孩子在这一时期各方面的能力都得到提升。

3岁孩子的心理发展特点

相信很多父母发现,孩子3岁以后,尤其是上了幼儿园之后,好像和小时候不大一样了,此时的孩子好像总喜欢叽叽喳喳说个不停,还伴随着一定的肢体动作;对周围的一切事物都

很关心,兴趣很浓,总喜欢刨根问底;开始用一些词汇表达自己的感觉,比如,"我喜欢……""我讨厌……"其实,这些是由他们这一时期的心理发展特点决定的。

那么,3岁孩子的心理发展特点有哪些呢?

1.有独立倾向,开始出现自理行为

孩子在日常生活中开始表现出独立的倾向。他们开始自己尝试着洗手,自己拿起小勺吃饭,自己穿衣服和吃饭等。

他们能表达出自己如厕的需要,并且能在成人的帮助下如厕,但此时的孩子毕竟还小,动作能力也受到制约,因此,他们的很多行为还需要成人的帮助。

2.好奇心强

3岁小儿对周围的一切事物都很关心,兴趣很浓。对所有事物要刨根究底地问个没完。这是由于孩子对这些事物怀有极大的兴趣,所以就努力观察、学习、询问和尽力想理解。可以说,智力的发达与否全在于兴趣如何。3岁儿时期正是对什么都有极浓厚兴趣的时期。因此,大人应该尽一切力量培养孩子的这种兴趣,这对孩子的智力发育非常重要。

3.情绪不稳定,对亲近的人有强烈的情感依恋

3岁的孩子很情绪化,常常因为一些小事儿哭起来,且容易激动,常常越哭越兴奋,甚至全身抖动。当他哭得很厉害的时候,对他讲道理更是听不进去。这时只能用行动使他安静下来,拿毛巾给他擦擦脸,用爱抚的声调说话,让他感到亲切,

我的孩子3岁了

情绪上渐渐不再对立,等他完全冷静下来以后,再对他进行说理教育。

小班孩子对成人的依恋仍然强烈,他在家依恋父母,到幼儿园后也总是以一个成人为依恋对象,他不会作更多的分析。

4.认识依靠行动

思维是认识活动的核心。但对于3岁的孩子来说,他们往往是先做了再去想,不会先思考再行动。3岁孩子的认识活动往往依靠动作和行动进行。

比如,你让孩子画画,他们画着画着,"画作"结束后,他们可能会吃惊地说:"这是小马",即使之前他说自己要画个小狗;再比如,你让孩子把几个图形拼成图画,他拿到图形后立刻行动,如果让他想一想再动手拼,他做不到!

3岁的孩子在听别人说话或者自己说话时,往往也离不开具体的行为动作,比如,当他们在听到老师讲故事"大象用鼻子把大灰狼卷起来了",可能就会真的用手在鼻子面前做出一个"卷"的动作。吃饭时给爸爸妈妈讲在幼儿园时的情况,可能会先放下手中的碗,然后站起来绘声绘色地比划。

3岁孩子的注意也和行动紧密联系。当他注意看图书中某个人物时,常常用手去指点。为了使小班孩子注意听讲,必须要求他眼睛看着老师,双手放下。如果孩子手里拿着别的东西,眼睛看着别处,他的注意就会离开老师的讲述。

小班孩子认识活动对行动的直接依赖性,说明他的认识

活动非常具体。小班孩子只能理解具体的事情，不会作复杂的分析综合，只能作直接推理，不会进行逻辑推理。比如，对小班孩子说反话，往往引起不良效果。刚上幼儿园的孩子，哭着要找妈妈。老师说："你哭，就不带你找妈妈了。"他哭得更厉害，因为他只听见"不带你去找妈妈。"如果直接告诉他："你不哭，我就带你去找妈妈。"孩子听了就放心，这时老师再接着引导，孩子就会渐渐不哭了。

5.爱模仿

孩子在3岁以前也会模仿，但是受到行为能力的限制，他们的模仿行为并不多，而到了3岁以后，模仿现象显得较多，这一方面是由于他的动作和认识能力比以前有所提高，另一方面，他们模仿也是表面的现象。他们看见别人做什么，可能自己也想做，看见别人在玩什么玩具，自己也想玩，他们喜欢在游戏中扮演别人的角色。比如，一个孩子想扮演司机开车，其他同龄的3岁孩子也想当司机，甚至没有乘客，他们并不在乎，反而玩得很高兴。因此，在幼儿园小班，同样的玩具要有足够的数量。

3岁孩子的主要学习方式就是模仿，他们往往通过模仿来学习别人的经验。孩子常常不自觉地模仿父母、老师以及亲近的成人说话的声调，姿势，常用词语等。如果成人看见饭菜里有胡萝卜时皱起眉头，孩子也不想吃胡萝卜。小班孩子对教师的行动很少持批评性态度，如果老师表扬某个小朋友，小班孩子立即向他投以羡慕的眼光。如果老师称赞某个孩子坐得直，

孩子们也都立即直起腰来。此时的孩子一般还没有出现嫉妒心理，或对被表扬者加以挑剔的行为倾向。

在孩子3岁的年龄，孩子的好的或者坏的行为习惯多半都是通过模仿学习并巩固下来的。因此，除了帮助孩子养成好的行为习惯外，我们还要警惕孩子通过模仿养成坏习惯。

了解3岁孩子的这些心理特点，能帮我们更好地了解我们的孩子，并能帮助我们找到最佳的教养孩子的方法，相信你每天都会有不一样的收获。

3岁孩子的语言发展特点

儿童心理的研究成果和长期的教育实践已经证明：幼儿期是人的一生中掌握语言最迅速的时期，也是最关键的时期。儿童教育专家认为，3岁孩子的语言发展很大程度上取决于外界的环境刺激，取决于教育的影响。为孩子创设家庭式温馨、宽松、自由的语言环境是发展幼儿语言的一个重要前提。

1.在亲子交谈中培养孩子的语言能力

3岁是幼儿语言迅速发展时期，且孩子表现出很强的依恋性，如何利用亲子间的关系培养孩子的语言能力，对孩子的一生发展有着不可低估的影响。

为此，我们建议父母与孩子建立"亲子式交谈"。所谓

"亲子式交谈",就是与幼儿建立温馨的家庭式的人际关系,并带着爱心、耐心、细心,经常与幼儿进行一对一、面对面的自由自在的语言交谈,使他们在亲子般的语言交流中既得到情感的满足,又获得语言发展。

另外,有关研究也表明,情感得到满足,情绪稳定,健康快乐的幼儿易早开口说话和经常开口说话,而成人与幼儿的交谈则是促进幼儿语言发展的最佳方式。

在宽松自由的交谈氛围里,富有情感的指导性语言为幼儿提供了良好的语言样板,使幼儿在有意或无意的交谈过程中模仿正确的发音、感受新词和句式、练习表达。

此外,在与幼儿交谈中,我们还应该把握以下几个要点:

(1)3岁孩子的语言和对语言的理解多是在一定的语境下产生的,具有一定的"语境依赖"。

因此,我们可以在很多情境下,比如游戏、生活、户外活动中多和孩子交谈,让孩子了解一些具体词语的含义,让他们学会如何清楚地表达自己的想法。

(2)倾听孩子的表达。我们发现,孩子到了3岁以后,尽管开始喜欢表达,但表达时喜欢以自我为中心、只顾自己表达,甚至经常自言自语说一些只有自己才能听得懂的话。

但无论孩子说什么,我们都要认真倾听,都要表现出对他们说的话感兴趣,如果孩子的表达上有问题,可以及时指出来,纠正孩子的表达,包括示范正确的语音、词语的运用等,

且倾听时要用眼神、点头、赞赏的语气鼓励幼儿,引导他们延续交谈的话题。

2.开展早期阅读活动,丰富语言经验

3岁幼儿已经能够认识到图书里许多神奇、有趣的东西。他们已经开始从喜欢看单一画面发展到喜欢看连续画面,尤其喜欢看内容熟悉,有重复情节的简短故事书。

他们常常一边翻书一边自言自语。图书,对3岁幼儿来讲是十分有价值的语言学习工具。我们在日常生活中要充分利用这工具,引导幼儿有发现地阅读图书。

对于幼儿来讲,语言不但是交往、思维的工具,更是学习的对象,我们应学习有关3岁幼儿心理发展等理论,为幼儿提供

适宜的语言刺激，促使幼儿语言健康发展。

3.重视孩子的语言辅导，让孩子获得语言发展

不是所有的孩子到了3岁以后都有很好的语言能力，对于发音不够清晰，对周围语言刺激敏感度不高的孩子，我们家长要留心，既不操之过急也不听之任之，而应更细心和耐心地去观察，去了解他们语言发展中的实际情况，找出问题，分析原因，提出对策为他们制订合理的语言辅导计划。

4.将语言学习融入生活中

如户外活动时，老师可以说儿歌式短句："小朋友走楼梯，慢慢走，轻轻走，小小手扶扶好，不能挤来不能推，一个跟着一个走。"

在这样的自然情景下，幼儿无形中会习得积极的词汇和短句，促使他们由说不规范、不完整的方言，向着规范的、完整的语言方向转化，提高幼儿的语词敏感性。同时，在儿歌化的语言学习氛围中，他们语言学习的兴趣也有了很大提高。

对于幼儿来讲，语言不但是交往、思维的工具，更是学习的对象。作为父母，我们要学习有关3岁孩子心理发展等理论，在实践工作中，为幼儿提供适宜的语言刺激，促使幼儿语言健康发展。

孩子为什么从"小绵羊"变成了"叛逆王"

为人父母,我们都知道养育孩子的艰辛,不少父母以为,孩子到了3岁、交给幼儿园管就省心了。然而,我们发现,孩子到了3岁,好像更难管了,因为此时的孩子好像变得很不听话,你让他往东,他非要往西;你让他唱歌,他要跳舞;原来总是黏着父母,走路也要牵着父母,但现在却喜欢独来独往;原来乖巧得很,现在却十分不听话。并且,孩子十分情绪化,只要他的要求没有被满足,就会生气甚至哭闹,而一旦满足,就会露出笑脸……为此,不少父母产生疑问,为什么孩子到了3岁,就从"小绵羊"变成了"叛逆王"?这是因为3岁是孩子的第一个叛逆期,这时的孩子任性难管。孩子不听话的原因主要有以下两点:

第一,他企图用反叛行为博取你的"关心"与"注意",这种"搏命"反抗的主因,其实也是企图告诉父母,你们已经很久没有关心我了。

第二,他企图利用反抗,争取到合理的权利,获得心中的需求,或改变父母的"命令",例如,你的要求超过孩子的能力负荷时,便会遭到反抗。或当你的命令与孩子的权利相冲突时,孩子也必然会叛逆以对。

了解孩子叛逆的原因后,你可以和他建立一套共同遵守的行为法则,在这套规则中,有明显且合理的奖惩方式,孩子不

必你多费口舌。

那么，面对叛逆的3岁孩子，如何教养呢？以下是几点建议：

1.冷静对待

孩子对于爸妈的指示不但拒绝听从，还在家里满地打滚来让爸妈屈服自己的要求。家长对孩子这种刻意为之的行为，纵然心中有怒火，也不要轻易地对孩子大发雷霆，孩子是想强调自己的存在，这也是寻求大人对他们尊重的一条途径。

对待孩子的执拗和不合理要求，家长如果总是对他采用强硬的态度，反而加重孩子的反抗情绪，可能会让孩子感到挫败，这样他更难接受家长的拒绝。首先，家长要保持冷静的态度，控制好自己的情绪。如果孩子大哭大闹、满地打滚，最好还是以冷处理的方式；如果孩子情绪失控，家长可以给他一个爱的拥抱。

2.沟通交流

这个阶段的孩子对世界是好奇的，他们会有很多疑问，也渴望倾诉，作为父母，我们要与孩子多沟通，比如，当孩子从幼儿园放学回家后，我们可以跟孩子聊聊在幼儿园里发生的事情。家长要作为一个积极的倾听者，对孩子的话题要表示出兴趣，要引导孩子多多发表自己的意见，多几个"为什么""你觉得呢"，而不是总在孩子还没说完话的时候，就抢着开始对孩子进行说服教育。这样做一方面可以增进与孩子之间的感情，另一方面还可以让家长多了解一些孩子的想法。

当然,在交流的过程中,我们千万要注意的是,孩子毕竟是孩子,不要把小孩子当成成人,比如,不要和孩子开这样的玩笑,如:"你长大后打算找一个什么样的男朋友呀?"或者,称她小淑女,并希望他的行为像大人一样,这些通常都会使这一年龄段的孩子感到困惑或不知所措。

3.承担结果

孩子顽皮不听话,对于父母的规劝屡教不改,那么就适当地让孩子尝尝任性的结果。家长可以让孩子多在生活中"碰壁",多经历风雨失败,孩子才能够逐渐理解并接受自己行为导致的结果,孩子的受挫能力将会更强。

4.给予孩子选择的机会

孩子两岁左右开始有自我发展的需要,有了独立的思想意识,试图了解周围的环境,建立自己的好恶观念,表达个人的需求。另外,他们也通过让他自己来做某些事情,向大人展示自己已具备的能力,因为他觉得自己的能力已经很强了。在这个时期,如果对孩子反复限制和干涉,可能使孩子变得唯命是从,成为一个唯唯诺诺的人。反之,如果家长明明知道孩子的做法是错的,还一味迁就,这又无疑是在纵容孩子。

家长拿捏好管教孩子的"度",尽量满足孩子的合理要求,但并不意味着什么都依着他。妈妈可以给孩子提供2~3个选择,让他尝试自己做主。比如,让宝宝自己决定今天穿白色衣服还是红色衣服,这既给了宝宝当家作主的感觉,又避免了宝

宝随心所欲地做决定。

5.保持连贯性

保持教育的连贯性就是要家长在原则和态度上要保持前后一致。比如，妈妈心情好时，允许孩子在饭前吃糖果；心情不好时，不但不让吃，而且还责骂孩子的这种行为。家长的教育方式随意为之，孩子就难以找到可以遵循的原则，家长不要随意打破为孩子建立的生活规则。另外，父母双方态度的不一致，也不利于孩子良好行为的塑造。

因此，父母双方在给孩子订立教育原则之前，一定要充分地沟通协商好，在原则态度上要保持一致性。这样也就不至于让孩子不知道听谁说的话，同时父母双方的威信也能够树立起来。

6.理解孩子的情绪

婴儿时代，当小孩子出现感情或身体上的痛苦时，他们的表达方式是哭泣，比如，如尿布湿了，感觉到饿了、冷了，或者是孤独了，孩子都会哭。这时，由于孩子还不会表达，父母总会去耐心地寻找原因，直到婴儿不哭不闹为止。

其实，当小孩子学会说话以后，他们之所以哭闹、发脾气，也是有原因的，他们渴望父母的重视，而如果你不理解，甚至责备他，他会觉得你不再爱他了。因此，我们一定不能否认孩子的情绪，不要总是这样说："打针有什么可怕的，真没用！""别装了。""你太调皮了，肯定是你先惹事的。"

……

于是，在情绪被父母否定之后，孩子开始不愿意听父母的话，有时候甚至跟父母对着干。这时，孩子的父母开始疑惑了："我的孩子为什么越来越不听话呢？"

其实，并不是你的孩子不听话，只是他们长大了，开始逐渐有了自我意识，他们渴望父母的信任和理解，一旦他们的情绪被父母否定，他们就会不高兴，于是便有了不与父母合作的行为。所以，要管教3岁叛逆的孩子，父母就要学会尊重他们的自我意识、尊重他们的情绪。

总之，对3岁左右的孩子进行教育，一定要从爱的角度，让孩子感受到父母的爱，他们才会信任你、尊重你，他们自然愿意接受你的教育方式！

3岁孩子的脑部发育特点

孩子3岁以后，就要开始上幼儿园了，此时的孩子身体素质、运动能力以及语言、认知、情绪、社会性等都会出现爆发性的提高。如身高增加到出生时的2倍，完成第一轮快速成长期。运动能力增强，活动量增大，免疫力也增强，一般的外出或出游都没问题。而此时的孩子之所以能上幼儿园，重要的原因是此时的孩子的大脑飞速发展，能完成幼儿园的游戏和学习任务。

第01章
3岁孩子活跃的成长期——父母一定要知道孩子的身心变化

1.脑部发育

前面提及，此时孩子的脑部重量是出生时的两倍，是成人脑部重量的三分之二，因此脑部发育并不成熟，和他们的身体其他器官一样并不完善，大脑的控制力也不平衡。但因其大脑比重的迅速发展，孩子的高级神经活动也进入了萌芽阶段。

2.神经系统发展

3岁的孩子在不断成长，无论是身高、体重还是其大脑，肌肉、骨骼都发展迅速；更主要的是神经系统特别是大脑皮层的结构和功能不断成熟和发展。六七岁时脑重量接近成人水平。

3.言语发展很快

六岁时词汇量可达6000个；思维和想象能力也得到了发展，能重述故事内容，记住生字；情绪丰富，能意识到男女的不同。此期应注意个性的教育，因为其形成的性格倾向，对今后心理发展很有影响。

4.思维模式变化

3岁孩子的思维模式开始从直观思维向具体形象思维过度，其思维模式在过了3岁之后，便依靠大脑中的表象储存和对具体事物的想象而展开，并已经能够按照一定的思维程序去行动了，对问题的思考会调用表象记忆的储存。

3岁的孩子其直观动作思维与具体形象思维比例相差悬殊，但开始向形象思维过度，其思维活动必须依托一个具体形象来展开。如，老虎是动物园里的老虎，朋友不是所有的朋友，而

是专指幼儿园的朋友。

从脑科学来看,孩子的大脑从3岁开始快速发展,而到10岁就"定型"了。此后,孩子的行为模式、思想方式等基本不会出现什么大的变化。

"3岁看大"这句话不无道理,3岁是一个人习惯、性格养成的重点时期,同时也是脑部飞速发展的时期,此时我们要多多开发孩子的脑部活动,让孩子受益一生。而这段时期锻炼大脑潜能的关键在于培养大脑功能的基础——本能。

3岁左右的孩子开始有了强烈的自主意识,会陆续出现生存、求知和找同伴的本能。

这些本能也会让幼儿的大脑出现各种特征,例如:想竞争,想要模仿,想自己做一些事,或是想成为妈妈或兄弟姊妹等周围人的同伴。

这时候,我们要善于利用孩子的竞争意识。

比如告诉孩子:"把玩具收好。"但是往往讲完后孩子却毫无动静。这时候不妨试着对孩子说:"我们来比赛谁收拾得快!"孩子听了就会兴高采烈地开始整理。

让孩子快跑的时候,他往往会叛逆地,反而更慢吞吞。但是提议孩子比赛:"看谁先跑到那边。"孩子就会产生斗志往前跑了。

儿童不喜欢被填鸭式地硬塞太多知识,但是对于学一点点新东西却会觉得开心,这就是因为求知本能产生了想要模仿、

第 01 章
3 岁孩子活跃的成长期——父母一定要知道孩子的身心变化

想自己做一些事的特性。

但是他们往往还不知道该如何去表达自己的情绪，往往会本能地哭闹、撒泼打滚。

家长首先要明白孩子的需求，然后可以给孩子选择的机会，尽量不要用暴力解决问题。比如面对哭闹不想离开电视的孩子，可以让孩子选择洗澡或者听睡眠故事，比强关电视要来得好。

重要的是让孩子能抱着愉快的心情对话，并且经常夸奖孩子。

总的来说，幼儿专家提出3周岁的孩子大脑已成长到成人的70%~80%。不仅是语言能力，注意力、运笔力也会形成，可以开始学习了。可能一些心急的妈妈会忙着让孩子学字或学英语，接受早期教育。但是，如果孩子不喜欢，教育反而会带来压力，要根据孩子的发育情况循序渐进。

3岁孩子，我们父母需要明白的管教经验

我们都知道，孩子到了3岁以后，大脑飞速发展，且有了一定的独立意识和独立行为能力，但此时的孩子同样初步产生了叛逆意识，且孩子也开始上幼儿园。因此，很多家长急需要学习一些管教3岁的孩子的经验，具体来说，我们总结出以下方面：

1.学会放手

孩子到了3岁以后，我们可以对其进行"心理断乳"了。

 我的孩子3岁了

首先父母要有让孩子独立的意识,否则所有的行为都是一句空话。而所谓独立的意识,简单一句话就是孩子能做的让他自己做,因为每个人的生活终将是每个人自己过,家长不能在他幼儿时剥夺他独立生活的意识。只有这样,孩子以后才能走得好,生活得让家长放心。

从孩子学走路的那一刻,孩子就已走上自己独立的征途。对父母来说,则要做到,孩子能自己走,哪怕走得歪歪扭扭,会摔跤,也要让他自己走。

2.允许孩子做游戏,让孩子在游戏中学习

游戏是儿童最先接触学习的最主要方式,在一些具体的游戏活动中,他们能学到如何思考,如何与同伴交流,如何训练专注的工作态度。

因此,儿童教育专家认为,对于3岁的孩子,我们不应为他们提供专业系统的知识学习,这样会限制孩子的思维,因为幼童的心智还没成熟,对抽象的概念还无法理解。

3.接纳和理解孩子的各种负面情绪

任何人,包括我们成人在内,都希望自己的情绪能被理解和接纳,更别说一个3岁的孩子了,如果父母否认了他们的感觉,他们就不愿意靠近父母,而只有当他们感觉舒畅了,他的行为才会良好,因为孩子生活在感觉的世界里。

因此,作为父母,平时工作再忙,也要抽出时间倾听孩子的心声,这是父母了解孩子感受最直接的一种方式,也是一次

第01章
3岁孩子活跃的成长期——父母一定要知道孩子的身心变化

了解和教导孩子的机会。立即倾听孩子的谈话，有助于赢得孩子的信任，这样孩子才愿意把所有的事都告诉我们。

而对我们来讲，了解孩子头脑里想的是什么，也是一件很重要的事情。因此，当孩子与我们谈话时，我们要尽可能地立即与他交谈。这样孩子就能感受到来自父母的爱，可以感受到他对我们是多么的重要，融洽的亲子关系对孩子的成长至关重要。

4.当孩子出现自理萌芽时，多鼓励而不是打压

其实，我们的孩子在很小的时候就表现出了自理的欲望了，比如，孩子刚一岁，就想甩开大人的手自己走路，而到了3岁时自己就会用小勺吃饭、穿袜子等，因为他们想要探索这个奇妙的世界。当孩子3岁以后，我们家长发现孩子有这些表现

我的孩子3岁了

时，一定不要因为孩子做不好而打压孩子，要多鼓励，进而培养他们的自理能力。

5.适度约束

我们给孩子自由，让孩子自由活动，并不是对孩子的行为听之任之，而是适当约束，让孩子有规矩意识，知道自己能做什么，不能做什么，什么行为会被惩罚等。

并且，父母在约束孩子这些行为时，要表现出适当的权威，让孩子明白父母是严肃的，而且父母提的要求是将伴随惩罚或奖赏的。

当然，父母对孩子的管束必须是负责任的，而且要告诉孩子你提出要求的原因。另外，父母要保持一致的态度，这样孩子可以建立统一的行为标准。即便父母双方对另外一方的管束有异议，也最好在孩子不在场时，再与对方进行讨论。这样做，也可以树立起父母双方的权威性。

6.正面告诉孩子应该做什么，而不是不该做什么

在传统的家庭教育模式下，父母总是告诉孩子"不准打人，不准在沙发上吃东西"等，这种教育方法只会将孩子的注意力吸引到负面行为上，而事实上，他们依然不知道自己到底该做什么，而用正面的、积极的语言，可以修正孩子的行为，如"我们饭前是应该洗手的"或"我们是在餐桌上吃东西的！"

7.制定规矩，让孩子知道自己的行为界限

孩子3岁以后，我们就可以培养他们的规矩意识了，让孩子

知道哪些是该做的，哪些是不该做的，我们在为他们制订规矩的时候，必须用肯定句来陈述，让孩子知道家庭的规矩，如果违反了家规，会受到怎样的惩罚。一旦建立，就应坚决执行，并且，要在孩子知情的情况下适度修改家规，定期召开家庭会议，倾听孩子对于家规的意见。

8.在一定范围内给孩子选择权

3岁的孩子，我们应该开始给他们一定的自由选择权，因此，我们不必要总是事事为孩子着想、总想控制孩子。如果父母能给孩子一定的自由，表明你们信任和尊重孩子，孩子也会因此更加尊重父母、爱父母。

在一定范围内给孩子选择权，通过提供选择，可以避免紧张气氛，给孩子提供作决定的实践机会。如"你今天晚上想吃番茄鸡蛋还是青菜？""今天你想穿球鞋还是旅游鞋？"（如孩子两者都不选，父母可问："是我帮你选，还是你自己选？"）做选择并让孩子负责任都是日常的行为，对于发展孩子的自我价值观是至关重要的。

9.再忙每天也要抽出时间和孩子相处

每个孩子都希望能得到父母的爱，都希望得到父母足够多的重视，因此，作为父母，哪怕每天的工作再忙，也要腾出时间与孩子相处，比如和孩子一起做游戏、一起阅读，或者为孩子讲故事等，且要多和孩子沟通，做孩子最忠实的倾听者，尤其是当孩子遇到挫折时，应尊重孩子的感受，以超脱且同情的

态度陪伴在孩子的身边。

　　对于任何父母来说，孩子的成长带给自己的快乐，是其他任何事物无法比拟的，孩子让父母成为一项伟大的事业，让我们的生命更有意义，使我们生活有了希望。所以，我们都要参与孩子的成长，用心去发现和享受孩子带来的快乐！

第02章
3岁孩子心智全面提升——从被动接受到自主思考

3岁不但是孩子身体获得发展,更是心智全面提升的年纪,此时的孩子已经具备了一定的自我意识,开始积极探索世界,甚至还经常出现一些"捣乱"的行为,让父母很头疼,而其实,我们父母要明白,此时正是培养孩子自主思考能力和探索欲望的最佳时期。因此,我们应该从日常生活中开始注意起来,逐步培养出爱动脑、爱探索和爱学习的孩子。

请呵护好孩子对事物的好奇心

生活中,作为父母,当你的孩子缠着你问"为什么"的时候,你是怎么做的?耐心地为他解释,还是批评他多事、厌烦?其实,孩子开始问"为什么",这表明他们开始展露他们的好奇心,一般来说,这种好奇心在3岁左右的孩子身上尤为明显。比如,你的孩子是否给布偶喂过牛奶、药或者饭菜,是否缠着你问各种"为什么",是否观察某个小动物半天时间?孩子有时候甚至还会做出一些让我们哭笑不得的事。

丫丫今年3岁了,妈妈发现,这一年来,丫丫的好奇心真是无与伦比。每次她都会把喝不完的牛奶硬塞给她的玩具熊喝,不想喝的水也给玩具熊喝,玩具熊的头和身体总是湿漉漉的。家里只要买了新的植物盆栽,她就会想着法的扯几片下来,说是给小熊宝宝准备的草药,防止它以后生病了。

丫丫每次做错了事,妈妈都会把她关小黑屋(储藏室),她总是会号啕大哭,一般哭个七八分钟就停止了。有一次,她只哭了1分钟就安静了下来,妈妈以为她认识到错误了,就打开了门,结果看到丫丫正在里面玩鸡蛋,怪不得不哭了。

记得有一次,妈妈在房间看书,丫丫自己在房间自说自话,可是突然之间就安静下来了,妈妈感觉不对劲就跑到她的房间看了一眼,结果发现丫丫在偷喝"川贝枇杷露",妈妈立刻制止了丫丫的行为,结果丫丫说:"这难道不是蜂蜜吗?"

孩子的好奇心真的是无与伦比,家长还是先练就一颗强大的心脏再决定要不要做父母吧!

的确,人都是充满好奇心的,对于自己不明白的问题,我们总是想探个究竟。这一点,在孩子身上表现得尤为明显。孩子常常会向父母问这问那,但很多父母,却对此感到不耐烦,其实他们往往忽视重要的一点,好奇心是促使孩子学习、成长的良机。

小娟今年3岁了,相对于其他同龄的女孩来说,她显得格外活泼。

一个周末,妈妈带她去公园玩,妈妈走在前面,小娟在后面跟着,但走着走着,妈妈发现女儿不见了,于是,妈妈四处寻找,结果发现,小娟在路边的一片草地上专注地玩着什么。

妈妈没有喝止小娟,而是慢慢地走过去,站在她身后,她看见小娟正在用一根小木棍在拨弄着几只小虫子,很专注地看着小虫子,"你在干什么?"妈妈问。

"妈妈,我正在玩小虫子。"小娟虽然回答了妈妈,但她连头也没回,还是在继续观察小虫子。

妈妈心想,孩子这么有好奇心,是一种好的表现。于是,回家后,她给小娟买了一些会动、会飞的小鸟。小娟很高兴。

在孩子成长的过程中,好奇心非常重要,这是她们探索世界的动力。父母要学会挖掘、保护孩子的好奇心，鼓励孩子积极探索与求知。

具体来说，在培养孩子好奇心方面，父母可以从以下几个方面入手：

1.孩子发问，就要积极回答，不要挫伤孩子的积极性

如果孩子问你"为什么"，父母不要以"以后你就会明白了"等敷衍、塞责的话回应孩子。父母应认识到，好奇是孩子认识世界、实现社会化的起点，如果不予以支持和鼓励，将会挫伤其积极性。

2.为孩子提供动脑、动手的机会

生活中,你可以利用孩子好动的特点,为他们多提供动手的机会,比如,他的小玩具坏了,你可以让孩子试着修修看,让孩子体验到一种自我成就感和乐趣。

3.让孩子自己寻找答案

孩子对周围的事感到新奇,想知道,对于这点,父母应该把探索的机会交给孩子自己,而不是把答案直接告诉孩子。

总之,对于孩子的好奇心,父母应该用正确的态度加以培养,不但要热情地回答孩子的问题,还要创造机会,培养孩子的好奇心,让孩子主动去探索、观察,促进他们求知欲的发展。一时回答不了的问题,不能一推了之,更不能胡编乱造,而应努力与孩子一起寻求正确的答案。

孩子喜欢拆东西家长别急着阻止

一些家长发现,孩子到了3岁以后,好像变得开始喜欢拆东西了,刚买的玩具经常是七零八落的,芭比娃娃的衣服也不知道丢在哪个角落了,有的孩子甚至开始拆家里的东西,比如闹钟、手机等,面对这些"捣乱"的孩子,家长们怎么应对呢?

我国著名的儿童教育家陈鹤琴说,孩子喜欢拆东西,家长别急着阻止!面对这样"搞破坏"的孩子,你会怎么样呢?也

许大部分父母要么是生气，要么是喝斥，或者是将孩子拆坏的物件还原，其实这些都不是正确的方法，正确的方法应该是帮宝宝一起完成他的"杰作"。

当然，在分析为何要这样处理的原因之前，我们先要搞清楚孩子为何那么喜欢拆东西？

孩子喜欢拆东西的主要原因是他们对事物的好奇心很强，具体分析如下：

1.觉得好玩

有时候，孩子会将墙上张贴的画报撕下来叠纸人或者飞机，会将洋娃娃的衣服扯下来洗；用刀、笔在墙上、桌上乱画，一些孩子这样做，可能他们只是单纯的觉得很好玩。

2.经验不足

孩子到了3岁以后，已经有了一定的行动能力了，但毕竟孩子年纪还小，有时候，他们只是想要帮爸爸妈妈做些事，但是能力和经验的缺乏让他们好心办了坏事。比如，吃完饭，他们原本想要帮妈妈收拾下碗筷，但是没拿稳，导致碗摔碎了。

3.模仿的结果

3岁孩子模仿能力特别强，此时，孩子喜欢模仿父母的行为，比如，孩子的玩具坏了，爸爸可能会重新组装或修好，而孩子看到后就会模仿，把玩具拆开，可是往往孩子把玩具拆了以后就再也组装不起来了。

一般情况下，发现孩子爱拆东西，大部分的爸爸妈妈会打骂孩子，但是其实最好的方法是引导孩子。孩子爱拆东西，是探索欲强的表现，是因为他对这个东西感兴趣，想看看究竟是怎么回事。比如很多男孩喜欢把车子拆开，去看车子里面到底是什么，车子为什么会动等。他沉浸在了自己喜欢的事物里面，并努力通过自己的双手去寻找答案。

我国著名的儿童教育家陈鹤琴说："小孩爱搞破坏，失去的只是可估量的价值，而得到的却是小孩一生受之不尽的无穷财富——思考、创造和智慧。"其实，孩子的破坏行为，是受好奇心驱使的，是其探索世界的一种方式，3岁的孩子和婴幼儿不同，他们对外界事物的认知，已经不再满足于以前的用眼看、用嘴触，还要用双手去摸、用身体去试探；已经不再满足于对事物表面的认识，还要深入事物的内部，去探究事物内部的秘密。以前那些只需要看看就能理解的事物已经对他们没有吸引力了。因此，3岁孩子呈现出很强烈的创造性和探索性行为，是典型的"好奇宝宝"，他们没有搞懂自己好奇的问题，是不会罢休的。

一天，妈妈回家后，看到小静正在拆一只玩具小鸟，看到妈妈，小静显得很害怕。妈妈故意板着脸问："你怎么把玩具给拆开了？"

小静小声地说："我只是想看看它肚子里有什么，为啥会拍翅膀、会叫。"

妈妈很高兴，因为她知道，只有会玩的孩子才会学，培

养孩子的好奇心就是培养他们的智力，于是，她鼓励女儿说："宝贝，你做的对，应该知道它为啥会拍翅膀。"听了妈妈的鼓励，小静高兴极了。不一会儿就把玩具鸟给拆开了，并对里面的结构观察起来。

小静妈妈做得对，会玩的孩子才会学，活泼也是一种气质，每一个活泼好动的孩子，总是具有敏锐的观察力、想象力和思考力，而这些是成才的关键。

对于宝宝这样的"破坏"，家长要做到：

1.要有宽容的心态

孩子爱搞破坏，是求知欲强和想要学习的表现，此时，我们不要严厉批评孩子，也千万不要说"你怎么这么淘气，又把玩具拆了""你下次再这样，就不给你买了"等这样警告和威胁的话。因为家长的批评和威胁很可能会扼杀宝宝可贵的探索精神。

2.家长应该尽可能地鼓励并且参与进来

当爸爸妈妈帮孩子修理玩具的时候，或者是看到孩子拆玩具的时候，最好能和孩子一起动手，比如，当家长看见宝宝把机器人拆了，应该蹲下来参与到宝宝的活动中："机器人里面是什么啊，怎么会动啦？"并且引导、帮助他们一起寻找结果，然后再跟宝宝一起把拆开的玩具恢复原样。这样才能让宝宝在"破坏"——探究——重建中获得心理的满足，也获得知识。

3.教给孩子一些安全常识

明确地告诉孩子，家里的电器、药品不要乱动。如此一来就可以正确引导孩子的好奇心,也能够让孩子树立安全意识。

因为宝宝"破坏"的过程,是一个手、眼都在活动的过程,能够促进他们思维的发展。鼓励宝宝适当地"破坏",就是在鼓励宝宝的创造力,以及对更多事物的探索兴趣。

总的来说,对于3岁孩子的这种看似"破坏"的行为,我们不但要鼓励,还要有意识地创造条件,引导孩子思考。在日常生活中,家长要多提些问题让他们去开动脑筋,去猜、去想,比如,我们可以问孩子,为什么泡沫漂浮在水上,而铁钉会沉下去,皮球为什么一拍就跳很高,如果把气放了,还能跳那么高吗?要在问题提出后,主动带领他们从"破坏"中寻找答案。

别错过孩子学习语言的最佳时期

作为父母,我们都知道,语言是出生后从环境中得来的,而3岁左右是语言发展的敏感期,我们发现,孩子到了在3岁半左右,开始对句子表达的意思感兴趣,表现在重复或模仿他人的话。这时,他们总是把大人说的话一遍又一遍地使用在恰当的语境中。此时,对孩子进行语言能力的培养是非常重要的。

首先,我们要了解3岁孩子的语言发展特点:

1.3岁孩子的语言发展目标

此时对孩子的普通话要求是:发音清晰,能简单使用简单

的一些词语，比如名词、动词、代词、形容词，专注力持续要在10分钟左右，能初步了解儿歌和故事中的内容，在成人的启发帮助下，将故事中的人物陈述出来，能说出5~7个字的短句，能叙述简单的事，能熟唱出儿歌4~5首，每首6句，每句7字左右。

2.3岁孩子语言能力发展的两部分

其一是对语言的理解，如听一听，它是语言教育的第一步，也是孩子语言学习过程中不可缺少的一部分；其二是对语言的表达，这里包括学一学、说一说、读一读、写一写。

3岁不仅是口语发展的关键期，而且是儿童掌握语法和句式的关键期。因此成人对幼儿讲话的数量、说话的方式及说话时使用的声调都对孩子的语言发展起着重要的作用。

3岁是孩子语言的敏感期和学习语言的高峰期，在这个阶段，多进行引导，激发孩子语言的潜力，以提高孩子的语言能力。

那么，我们该如何帮助孩子进行语言学习呢？

1.创造一个良好的语言环境

我们要为孩子提供一个活泼、轻快的语言环境中，在这样的环境下，孩子能接触到各种各样的语言刺激，能有听和说的机会。

例如绕口令《七个果子》："一二三四五六七，七六五四三二一，七个阿姨来摘果，七个花篮手中提，七个果子摆七样，苹果、桃子、石榴、柿子、李子、栗子、梨。"

我们平时在和孩子相处时，都可以读，且要用有表情的、有节奏的、有动作的方式来读，当然，我们也不必刻意，要在最无意的环境中给孩子语言刺激。

因此，环境就是教育，为孩子创造一个好的语言环境也是十分重要的，尤其是对于3岁的孩子来说，他们处于语言的敏感期，我们更要对他们进行语言刺激了。

2.鼓励孩子多听和多说

3岁的幼儿喜欢夸张的表情、动作和语言，让他们想看、想听、想说才是最为重要的。当家长给幼儿讲故事时，可以配以一些抑扬顿挫的声音、夸张有趣表情，当孩子在此时听故事时，孩子的注意力可达到15分钟左右。

3.要用积极的态度对待孩子的听和说

3岁是幼儿学语言的预备期，那么对于孩子的每一次倾听和每一次说话就都应以积极的态度去面对，要让孩子感觉到：

（1）养成良好倾听的习惯是非常重要的，没有听就谈不上说。

（2）孩子说的时候有听众，会让孩子说的时候充满自信，为下一次张嘴说他想说的话奠定基础。有时，大人可能听不懂孩子说的是什么，但即便是这样我们也要微笑地看着孩子，鼓励他把话说完，这就是我们所说的积极态度，把孩子看成是自己的朋友，朋友之间的交流和沟通是平等且愉快的。

4.培养幼儿的阅读能力

谈到孩子的语言能力，不能不提的是要充分重视讲故事和

阅读的作用。讲故事为良好的阅读能力打下基础，而阅读能力是学习的基础，是早期教育的重要任务之一。激发幼儿的阅读兴趣，培养良好的阅读习惯，形成自主阅读的能力，是孩子拥有独立学习能力的必备条件之一。

3岁的孩子因为语言敏感期的力量，他们对所有听、说、读、写、画、图片、符号等都有着狂热的兴趣和爱好，家长要做的是在敏感期帮助孩子获得满足。因为孩子建立的是语言能力，而这种能力会伴随我们进入成年，所以我们比儿童更多的是单词量，是一些修辞方式等，而我们的语言学习能力在幼儿阶段就完成了。此时学习语言效果最佳，而且获得的语言习惯最容易长期保持下去。

3岁是语言的发展关键期，这时候家长应该多为孩子提供语言环境，多与他交谈。要认真地听孩子讲话，积极与他对话。让他和同龄的伙伴一起玩耍，这样他们交流的机会多了，可以促进他们语言器官的发育。

3岁的孩子为什么这么爱刨根问底

生活中的一些父母，不知你们是否发现，孩子到了3岁以后，好像总有问不完的问题，且总是问个不停，大有打破砂锅问到底的势头，并且有得不到答案不罢休的执着。因此，有些家长被孩子问着问着就心烦了。如果孩子不但爱问，而且喜欢"搞破坏"，那么其势必就成了家长心目中的"问题"孩子。

我们一旦有了这样的逆向寻根思考的意识，你在应对孩子的棘手问题时，就会稍微轻松一些。

我们先来看下面一个场景：

一位妈妈带着3岁的女儿去一家餐厅吃饭。在餐厅的正中间，摆放着一只超大的海绵宝宝，比女儿的个头还高很多。这时，小姑娘的问题来了！

"妈妈，这里为什么会有一只海绵宝宝呢？"

"也许餐厅工作人员知道小朋友都喜欢海绵宝宝啊，所以放在这里！"

"为什么他们会知道小朋友喜欢呢？"

"可能他们问过小朋友吧，所以就知道啊。或者他们家也有小朋友喜欢海绵宝宝，他们就知道啦！"

"哦！那为什么小朋友喜欢，他们就把这只海绵宝宝放在这里呢？"

"呃？也许他们希望小朋友来他们的餐厅吃饭，希望小朋友来餐厅吃得开心吧，所以就放在这里吧！"

"那他们为什么要让小朋友喜欢呢？为什么要让小朋友开心呢？"

"嗯，嗯！你的问题好多啊！跟你聊天真开心！菜来了，咱们先吃吧！"

"好啊！谢谢妈妈！我也喜欢跟妈妈聊天！"

这样的场景可能很多家长都很熟悉，你是如何解决的？我们不得不佩服这位妈妈的耐心和善解人意。这段对话让我们明了，孩子有时并不是需要一个固定或准确的答案，只是想发散性跟我们天马行空地聊一聊而已。

你可能很难相信，一个两年前还不会开口说话的小孩子，两年后居然就有聊天的需求啦！没错，他们就是有了这种与人交流的需求。如果你没有足够的耐心，没有充分的尊重，没有随意聊来的答案，我想你是不能够应对得如此温暖愉快，极有可能不到两个回合就打断遏止了孩子的提问。

那么，3岁的孩子为什么这么爱提问呢？

这要从孩子大脑发育的情况来看，孩子3岁，是其个体大脑最为活跃，发展最为迅速的年龄阶段。这一阶段也是孩子们最喜欢问为什么的阶段。

此时，在一些因素，比如孩子求知欲旺盛、生活和教育环境轻松的催化下，孩子会变得喜欢提问，喜欢刨根问底。其实，孩子爱提问是好事，是孩子求知欲旺盛的表现，因此，我们建议要多鼓励孩子发问。不过，家长在鼓励孩子学会追问时，要注意以下几个方面：

1.培养孩子提问的习惯

让孩子做到谦虚好学，遇到不懂的问题，就应该主动提出来，这样孩子才能真正掌握到知识，从而能更好地创新。

2.给孩子讲善于提问的好处

对于不敢问、懒得问的孩子，家长应给他们讲清善于提问的好处。鼓励孩子提出问题，并能深入地探究问题，通过请教老师、家长，或者通过查阅资料，获得问题的答案。

3.带孩子发现问题

由于大自然是孩子最好的教科书，因此家长应该经常带孩子到户外走走、看看、玩玩，让他们有更多的机会去观察探索。在孩子发现问题的基础上，家长还要有针对性地引导他寻找到问题的答案，因为这样能让他的印象更深刻。

4.适当表扬孩子的提问行为

当孩子提出问题的时候,家长不但应该引导他找到答案,还应该表扬孩子的行为,使他始终保持提问的积极性。

不过,虽然父母都知道孩子喜欢思考是好事,但是父母也会感到困惑,孩子从不会按照套路出牌,如何回答他们那么多的奇异问题?

除了跟孩子漫无目的地聊天交流,下面提供几个小办法,帮你轻松应对孩子的刨根问底:

1.掌握一些回答孩子问题的常用术语

如果孩子的问题你一时回答不上来,可以先用一些常用术语来回答,比如"这真是一个有意思的问题""你居然能想到问这个""你很想知道为什么,对吗?""你真是一个爱思考的孩子"。

这样的回答会让孩子感觉到你很重视他的思考,会让孩子内心笃定:善于思考是一件备受父母肯定的事情。

因为使用了这些常用术语,你就为自己赢得了一些时间,努力想想该怎么回答,要解释到什么程度?建议大家,能解释多少就解释多少,不必过分苛求严谨和彻底。

因为孩子并不一定像我们想的那样需要科学、彻底的解释,他们只是好奇,需要我们反复地回应。

2.和孩子一起探索问题的答案

比如孩子问:"小朋友有爸爸妈妈,那小蚂蚁有吗?还有他们也有姥姥姥爷和舅舅吗？"一时间，可能家长还真是答不上来。这时，你可以回答，爸妈也不知道呢，咱们一起去查查资料吧！

也许查阅一些科普书后，你才知晓，原来个别蚂蚁的寿命长得惊人。比如蚁后寿命可长达20年，工蚁可活7天，而一只离群的蚂蚁只能活几天。如果一个窝里都是同一只蚁后的后代，那么，蚂蚁还真的很难有姥姥姥爷等亲属了。

因此和孩子一起探索，一起推测论证的过程，才是你应对各类问题的妙招。

3.鼓励孩子多与同伴讨论

在孩子的眼里，世界是新奇的，且他们的问题也是千奇百怪的。有时候，哪怕再有学问和知识的父母，也未必能回答出孩子的问题，比如孩子们常常问的：鸡生蛋还是蛋生鸡？

而对于这样的问题，我们可以鼓励孩子和其他小朋友一起讨论，并且，随着年龄增长，孩子越来越需要跟同龄人进行交流和对话，鼓励孩子与其他小朋友讨论，不仅能开发孩子的智力和语言能力，还能帮助孩子交到朋友，结下友谊。

在孩子"刨根问底"的过程中你要不断提醒自己，此时最重要的不是给出他们多么精准的答案，而是你要习惯于跟孩子进行开放平等的对话和交流，保有他们爱思考、勇于探索的好习惯，让他们体验到互动讨论的乐趣。

培养观察力，让孩子更好地感知世界

无疑，观察力是人一生中很重要的能力。尤其是对于孩子来说，观察是孩子认识事物的重要途径，也是智力活动的基础，还是完成学习任务的必备能力。没有敏锐的观察力，那么就谈不上聪明，更谈不上创新。

3岁是孩子好奇心最旺盛的阶段，此时，通过观察，孩子可以获得周围世界的知识。同时，通过观察，孩子还可以对周围世界的知识进行重组与创新。因此，我们父母都要在这一时间段培养孩子的观察能力，以此让孩子更好地感知世界。

可令人遗憾的是，在现实生活中，很多家长并没有把观察力的培养放在应有的位置上，他们不惜一切代价对孩子实施智力与技能培训，却唯独忽略了对孩子观察能力的培养，这在很大程度上抑制了孩子思考能力与创新能力的提高，是不可取的！为了您的孩子能够更好地感知世界，请着重培养孩子善于观察与发现的眼睛吧！

3岁的亮亮是个很聪明的孩子，他对周围的事都充满了好奇，生活中，他总是喜欢问爸爸妈妈"为什么"，后来，被他问烦了的爸爸妈妈就对他说："如果你不明白，你就自己去求证，这样不是更有意思吗？"亮亮点了点头，他觉得爸爸妈妈的话很有道理。

有一次，亮亮的脚趾上长了一个疮。周末的时候，爸爸带着他去医院清洗伤口，他看到医生用一瓶透明的液体擦在自己的脚上，很快，他发现，脚趾头上居然冒泡泡，亮亮感到很奇怪，就问医生："这是什么东西啊？好像不是酒精。"

"你怎么知道不是酒精？"医生问。

"酒精有味道嘛。"

"挺聪明的小孩。"医生对亮亮爸爸说。

这里，亮亮是个观察力强且爱思考的孩子，一位教育名家曾充满深情地说过："我最爱孩子熠熠发光的眼睛，因为那是求索的眼睛，是追问的眼睛，是善于思考与观察的眼睛。"可是，在今天，许多孩子眼神涣散，做起事来漫不经心，对生活缺乏敏锐感知力与观察力。

观察能力的高低，影响着孩子对外界环境的感知程度。只有观察能力较强的孩子，才能善于捕捉瞬息万变的事物，也才能够发现那些看上去细微却十分重要的细节。换句话说，观察是孩子认识世界的基础，更是孩子日后走向成功的关键所在。因此，家长应注重从小培养孩子的观察能力。

在日常生活中，家长应按以下几个方面来培养孩子的观察能力。

1.明确观察目的，提高孩子观察责任心

生活中，人们做任何事、说任何话都是有目的的。在孩子观察的过程中，也只有带着目的，才能提高责任心，才会对孩子的观察力提出较高的要求，从而提高观察力。

明确观察目的，包含两层意思：第一层是认识到观察力的

重要性，了解认清观察对自身智能发展的好处；第二层是在观察事物前，都要有明确的目的，即观察什么，为什么观察。

比如，在家中，你可以找出一件工艺品，让孩子观察其颜色、形状、大小、用途、特点等，在观察的过程中，还可以引导孩子边观察边用语言描述。

2.明确观察对象，制订观察计划

这样就可以将观察力指向并集中到要观察的对象上，并按部就班，从容观察，从而提高观察力。

比如，你可以让孩子自己学会种一盆花，然后每天观察其变化，还可以用语言描述出来。这样的观察活动，既有兴趣，又有丰富的内容，效果很好。

另外，你可以让孩子跟着我们学煮饭，比如，多少米，怎么淘，放多少水，大火烧多长时间，小火焖多长时间。先是让孩子观察父母怎样做，然后让孩子自己一边学着帮，一边观察。这样，不但让孩子学会了做饭，孩子也提高了观察力。

3.告诉孩子观察时要全神贯注，聚精会神

专注力是孩子观察力的重要品格之一。只有提高专注力，对观察对象全神贯注，才能做到观察全面具体，才能收集到对象活动的细节。

4.培养孩子浓厚的兴趣和好奇心

兴趣和好奇心是提高观察力的重要条件。一个人具有好奇心，对其观察的对象有浓厚的兴趣，他就会坚持长期持久地观

察而不感到厌倦，从而提高观察力。

5.培养孩子掌握良好的观察方法

要坚持观察的客观性，要注意被观察对象的典型性等。不懂得观察的方法和这样的观察是不会发现什么的，对学习和工作也不会带来益处；相反，却会浪费时间，影响学习、工作的效率。因此观察事物必须掌握不同的方法。

常用的观察方法有：全面观察和重点观察；在自然状态下观察和实验中观察；长期观察、短期观察和定期观察；正面观察和侧面观察；直接观察和间接观察；解剖（或分解）观察和比较观察；有记录观察和无记录观察，等等。观察不同的对象，出于不同的目的，应事先考虑用什么样的观察方法。有时候，需要几种方法配合使用。

总之，观察事物是为了认识事物，感知是认识的第一步。孩子观察力的提高也是有一个循序渐进的过程的，引导孩子在生活中留意一事一物，能帮助孩子提高观察能力。

孩子的动手能力如何开发

在日常生活中，常有些家长抱怨，孩子到了3岁以后变得一天到晚不干正事，总是翻箱倒柜，闹腾个不停。新买回来的玩具，他三下五下就拆得七零八落，一点也不知道爱惜；刚搭好

的积木，他说推翻就推翻，一点也不重视自己的劳动成果；好不容易不再"动"了，他又这边瞅瞅，那边看看，要找出可以让他"整"的新鲜玩意儿。这样使得家长们不得不千方百计地防着孩子，什么东西都放得高高的，生怕一不小心被孩子弄坏了，或者孩子用这些东西伤了自己。

事实上，孩子的这些看似"搞破坏"的行为，其实是他们喜欢动手实践的表现，3岁是孩子精细动作的萌芽期，此时，作为家长，我们要抓住孩子爱动手的习惯，多培养孩子的动手能力。

俗话说，心灵手巧十指连心，这说明了手和大脑有非常密切的关系。而我认为儿童的智慧在于他的手指上，所以在日常的教学活动中，我注重培养孩子的动手能力。

培养孩子动手能力有其重要的意义：

1.手的活动能促进大脑的发育

心理学告诉我们，人的脑部活动决定了人的心理活动，一个人的智商如何、创造力高低，都取决于人的大脑机能。鼓励孩子多动手，就能促进孩子脑部的发展，当孩子双手活动时，手指的神经细胞也会反射信息到大脑，因此，家长鼓励孩子的手部活动，对孩子的大脑开发大有益处。

2.多动手能激发孩子的创造力

有一个孩子，虽然很聪明，但表达能力差，为了开发孩子的创造力，他的父母训练他用自己的巧手来表达他的思维与想象，让他动手做一些手工，这样能弥补他在语言能力上的不足，他的创造力可以充分的发挥，从而得到老师和家长的赏识，并能不断地发展。

3.爱动手的孩子更有自信

从小爱动手的孩子，不但更有创造力，在着手完成事情的过程中，能获得成就感和自信心，这对孩子今后的发展会产生深远的影响。

实验证明，孩子的聪明与其从小酷爱手工活动不无关系。曾荣获1922年的诺贝尔物理学奖的科学家尼尔斯·玻尔，他在童年时代就曾接受过来自家庭的手工训练，这让他在后来的科学研究中表现出了敢思、敢说、敢干精神和自信。

培养孩子的动手能力的方法有很多：

1. 为孩子创造动手操作的条件

比如，引导孩子自制玩具，让孩子综合运用折、剪、画、编、扎、钉、粘等方法做科学小试验，为孩子准备纸、布、线、胶水、磁铁、各种小瓶、塑料小管等用具。

2. 给孩子提供各种材料

为孩子提供诸如积木、插塑、拼装玩具、橡皮泥、沙石等用具，同时还可以给孩子准备一些废纸让他撕，买一些蜡笔教他画，准备积木、拼图、橡皮泥、七巧板等玩具。

3. 开展各种动手操作活动

比如，用筷子夹玻璃球、撕纸屑做图案，用毛线以ABAB的形式来穿纽扣等游戏，都可以锻炼孩子的手眼协调能力。这些游戏不但让孩子感兴趣，同时能促进他的小肌肉发展。

4. 尽早学会使用剪刀

剪刀是一件非常有用的工具。让孩子学会使用剪刀，不仅可以让他们学会做许多家务活儿，还能做手工，如剪纸、做模型等。孩子使用剪刀，各种纸、布都在他的手下发生着移位、组合的形态变化，可以直接促进思维的灵活转化。

现在，已经有了专门供孩子们使用的安全剪刀，其刀刃不太锋利，并且剪刀顶端是圆形的。如果一时买不到合适的剪刀，父母可以将家里的小剪刀改一改，以适合孩子使用。孩子使用剪刀时，只要家长在跟前，是不会出事的。并且，在孩子使用后，要把剪刀藏起来，直到他能自如地、安全地使用为止。

5.指导孩子制作手工

父母可从教孩子玩折纸和剪贴开始，指导孩子制作手工。对于3岁的孩子，可从简单的一步折纸学起。

6.让孩子的小作品变得有意义

父母可将孩子的小作品变成大作品，如将孩子的剪纸放在房子里装饰，把孩子的手工作品摆放装饰，把孩子的绘画涂鸦做成衣服，公仔等。不要太大的花费，网上很多平台可以做到，类似涂鸦这些，就能让孩子动手做的小作品变得更有意义，引发他们的动手兴趣。

总之，孩子天生是动手的行家，只要给他足够的空间，他就能玩出无穷的花样。因此，父母要从单一的价值观中走出来，让孩子多看、多听、多想、多玩，关键是多动手，只有这样才能把孩子培养成为一个自信、乐观、有创意的人。

保证孩子有充足的睡眠，睡觉也能长智慧

俗话说"身体是革命的本钱"，作为父母，我们都希望孩子学习努力，一些父母甚至在孩子刚上幼儿园时就为孩子安排各种各样的兴趣班，为的是孩子不输在起跑线上，但是我们要知道，3岁是以游戏为主的年龄，且是孩子身心全面发展的年纪，更需要充足的睡眠。

因为休息不好，会对眼睛、大脑不好，因为睡觉就是要自己的大脑休息的，如果休息不好，孩子在学习时就会觉得全身无力。提不起精神，更别说集中注意力学习了。

这里就存在一个效率的问题。效率指什么呢？好比学一样东西，有人练十次就会了，而有人则需练一百次，这其中就存在一个效率的问题。如何提高学习效率呢？其实最重要的一条就是劳逸结合。

学习效率的提高最需要的是要有清醒敏捷的头脑，所以适当的休息、娱乐不仅仅是有好处的，更是必要的，是提高各项学习效率的基础。

作为休息的方式之一——睡觉对于人体的休息有很大的作用。它第一能消除体力疲劳，第二能消除精神疲劳。另有一种观点认为，睡眠的主要功能是消除大脑的疲劳。人的一生中，将近三分之一的时间是用于睡觉的。刚出生的婴儿每天几乎要睡20个小时；即使成年人，每天也至少要睡6~7小时。而且，孩子的身体处于发育的阶段，保证充足的睡眠也是必需的。

为此，来自德国卢比克大学的JanBorn和他的同事们进行了一项研究，有106个人需要接受一项任务，任务的内容是将一系列繁杂的数字通过等式转化为另外一种形式，而其中的计算诀窍他们是不知道的，在睡眠前后，他们发现这种诀窍的几率分别是23%和59%，提高了36%，也就是说，睡眠对人的智力活动是非常重要的。

当今社会已经不是一个"头悬梁锥刺股"即能成功的社会，学习上也是，时间加汗水，加班加点，牺牲休息时间，完全不顾自己的身体。这种做法有损身体健康，又会没有效率，往往事与愿违。

因此，父母应该考虑孩子的生理承受力，为孩子科学地安排作息时间。3岁的孩子无论是游戏还是学习兴趣爱好，都要做到有松弛，劳逸结合，这才符合人的心理生理规律。我们平时也可以带孩子唱唱歌，去郊游等。同时，广泛地培养兴趣，让孩子做一些舒心的事，也都有利于让孩子保持更充沛的精力。

那么，我们如何保证孩子保持充足的睡眠时间呢？

1.每天保证8小时睡眠

我们要为孩子规定，晚上不要熬夜，定时就寝。中午坚持午睡，充足的睡眠、饱满的精神是提高效率的基本要求。

2.家长也尽量做到早睡早起

有必要的话，父母可以和孩子一起养成早睡早起的习惯，最好全家人都动员起来，以营造良好的环境、氛围来协助孩子调整好生物钟，只要生活有规律了，无论什么季节，孩子都能拥有健康、元气饱满的精神！

3.用饮食来协助调整

饮食也会影响睡眠，如果晚餐吃得过饱或摄取热量过高的食物，孩子可能会出现肠胃不适，或者精力过于充沛，都会导致睡眠质量不好，如此的恶性循环，不只对于孩子的健康十分

不利，对成人也一样。因此，我们和孩子都要注重早餐吃饱、午餐吃好、晚餐吃少的原则。

4.告诉孩子要睡好午觉

我们不要忽视午觉的作用。在午餐和晚餐中间，一般人都会觉得头昏脑胀，思路缓慢，好像也不太能集中精神，这是人正常的生理反应。越来越多的证据显示，在经过半天的活动之后，有一股力量会驱策我们休息一下。同样，对于学习阶段的孩子来说，更应重视午觉的作用，过度的用脑会对大脑发育有不利影响，也不利于下午的学习。

5.给孩子制订生活作息规矩

给孩子制订一个生活作息制度，每天什么时间干什么，给孩子讲清楚，没有特殊情况不要变动。

并且，要持之以恒。每天都坚持让孩子早睡早起。相信时间长了，孩子会养成遵守作息制度的好习惯的。不能一到周末就玩至深夜，周日早上全家人都赖在床上不起来，这样很难使孩子养成良好的睡眠习惯。当然，养成好习惯不是一天两天的事情，需要我们用耐心引导，一定不能操之过急。

第 03 章
3 岁孩子情绪敏感期——孩子阴晴不定的情绪如何梳理

任何父母，都希望自己的孩子能有好脾气，因此，他们很重视培养孩子的情绪管理能力。然而，很多父母存在这样的误解，他们认为，对于孩子的情绪管理能力培养，应该在孩子懂事——也就是五六岁后开始，实际上，这是不科学的。等到孩子五六岁才意识到要培养孩子的性格，就已经错过了最佳时期。其实，3 岁是孩子的情绪敏感期，也是帮助孩子学会表达和管理情绪的最佳时期，此时的孩子情绪阴晴不定，更需要我们父母帮忙梳理。

3岁孩子的情绪情感特点——冲动、外露、易变

前面，我们提及，3岁孩子的心理活动和行为多是无意性的。在3岁的时候，孩子常常为一件微不足道的小事而哭起来，与他们讲道理根本讲不通，但是只要发生另外一件事，他们的注意力就被干扰了，可能会破涕为笑。其实，孩子之所以有这样的表现，是由他们在这一时期的情绪情感特点决定的。

3岁宝宝社会情感的发展还没有完善，因此他们对情绪的控制能力不强，生活中常常会出现一会儿哭一会儿笑的场面。随着年龄的增长，宝宝对情绪的控制能力才会有所增强。

那么，3岁孩子的情绪情感特点有哪些呢？

1.易感染

此时的孩子的情绪具有情境性，会因为周围环境、事物的变化而产生兴趣的变化，比如、买了新玩具、妈妈离去、新朋友出现……都会使他们的情绪大起大落，孩子的情绪随着情境的改变而改变。很多时候情绪不是由孩子自身发出来的，而是因周围人的情绪波动而引起的。

在幼儿园中往往会出现这样的情况：一个小朋友哭起来了，其他小朋友也莫名其妙地跟着哭起来，整个场面会变得混乱极了。以后随着年龄增长，控制能力加强，这些情绪特征就会逐渐减少,情绪的控制力、稳定性也随之提高。

随着年龄的增长,孩子的道德感、审美感和调控情绪策略逐渐发展,孩子控制情绪的能力慢慢加强,易冲动、易外露、易感染这些特征就会逐渐减少,情绪的控制力、稳定性也会随之提高。

2.易冲动

3岁宝宝的内抑制发展差,控制力弱,言语的调节功能不完善,因此当外界事物和情境刺激儿童时,情绪就会出现爆发性,常从一端迅速发展到情绪的另一端。因此这个阶段的儿童的情绪易波动,极不稳定。所以,这个时期孩子的脸就像春天的天气那样多变,说哭就哭,说笑就笑。

3.易外露

这个时期的孩子通常会将情绪变化毫不隐藏地表现出来,而且擅长用自己的身体语言来表达。如,不高兴就哭,高兴、舒服就大笑或者是手舞足蹈,愤怒就瞪眼跺脚,有高兴的事就要向亲近的人诉说。

4.道德感

3岁以后,儿童产生了简单的道德感。儿童在与成人的交往中,初步接触到社会人群对人和事物的好坏、美丑的体验和评价。孩子的道德感就是在各种实践活动中,在成人的评价和语言强化下发展起来的。儿童了解了游戏规则,遵守游戏规则,成人夸奖了他,他得到了肯定,体验到满意愉快的体验,又在

成人的语言的指导下得到强化。他们逐渐知道哪个行为会引起满意的体验，哪些行为会引起不满意的和不愉快的体验。他们开始按照社会行为标准认识好坏、美丑，使道德感发展起来。

这个时候爸爸妈妈不妨多教给孩子一些基本的社会准则，同时要用夸奖来巩固孩子的利他行为。如，孩子会主动地擦桌子，给奶奶洗苹果，爸爸妈妈要给他多多的鼓励和夸奖，让孩子体会到自豪感，为自己而骄傲。

5.审美感

这个阶段的孩子在家长、成人对事物的态度、自身的体验和自己言语的直接影响下，也开始能直接感触到自己周围的事物，

第03章
3岁孩子情绪敏感期——孩子阴晴不定的情绪如何梳理

开始逐步产生了自己的审美，比如自然美景、穿着、音乐等。

相对于婴幼儿时期的孩子来说，孩子到了3岁以后，他们在社会情感方面已经有了迅速的发展，并且，他们的道德感、理智感和审美感都逐渐发展起来了。并且，他们已经出现了调节情绪的认知策略，而且开始学会隐藏自己的情绪，也了解了一些表达情绪的规则，知道如何表达自己的情绪能让成人做出利于自己的行为反应，他们还会使用富于表达性的身体动作来辨别情绪，对情绪的外部原因和结果的理解进一步提高，知道发生的某个事件让大人或同伴高兴了或是不高兴了。

随着孩子的成长，由于儿童语言和思维的发展和成人的指导，儿童对事物的分析和辨别能力增强。儿童能从生活中分辨美丑，知道什么图画美，什么音乐好听，什么语言美，什么行为美。这样就产生了对美的事物的舒服而愉悦的情绪体验。

这时候，作为父母的我们，可以鼓励孩子多用自己的眼睛去看，去观察周围美好的事物，也可以带他们走出家门去欣赏美丽的事物，孩子对事物的感觉会更加敏锐，艺术修养也会有较大的提高。

实际上，此时的孩子已经有了一定的情绪调节能力，也开始使用一定的策略来掩饰自己的情绪，掌握了简单的表现规则。

比如在做错事时，为了逃避惩罚，掩饰自己的负罪感，掩饰自己的真实情绪，孩子会学会撒谎，但是他们的策略是简单的，很容易被成人发现。成人这时也不必发怒，要先检查自己

的禁令是否合理,和孩子讲清楚道理,同时要记住,原先如果申明要惩罚的,就一定要执行。

此时的爸爸妈妈,更要细微观察孩子的情绪变化,鼓励孩子说出心里真正的想法,然后告诉孩子正确的情绪应对方法,这样孩子的应对策略才会更加有效。

细心观察,你要读懂3岁孩子的心

我们都知道,任何人都是有情绪的,包括喜、怒、哀、乐、恐惧、沮丧等,因为人是情绪的动物,人的情绪是与生俱来的。孩子逐渐长大,也开始有了多变的情绪,3岁的孩子更是情绪多变,对此,我们要学会留意孩子心情,如果孩子产生消极情绪,要及时予以疏导,不然,他们的情绪就会像一匹脱缰的野马四处乱撞。可能刚刚那个那么活泼开朗的孩子一下子就变得闷闷不乐、喜怒无常、神神秘秘了。

我们先来看下面这位妈妈是怎么处理孩子的坏心情的:

一天傍晚,李太太在幼儿园门口接3岁的女儿放学,过了会儿,李太太看到女儿垂头丧气地出来,然后说:"妈妈,明天我不来了!"

"为什么这么说呢?"李太太心想,女儿肯定在学校遇到了什么不开心的事。

"没什么,不舒服。"

"不舒服,哪里不舒服?"李太太着急地问。

"别问了,反正我不想来了。"其实,李太太心知肚明女儿有劲儿这么嚷嚷,怎么可能是不舒服呢,一定另有隐情。

"可是,今天不舒服,明天不一定不舒服啊,要不,妈妈带你去医院吧。"

女儿继续摇头,也不理妈妈,自己在前面走着。

李太太继续问:"乖女儿,有什么一定要告诉妈妈,好吗?妈妈会保护你的。"

听到妈妈这么说,女儿马上委屈地哭了,扑到妈妈怀里,说:"今天李甜甜在我的本子上乱画,还不让我告诉老师,说告诉了会打我。"

此时,李太太没有说话,只是搂着伤心的女儿。女儿沉默了几分钟,从妈妈怀中站了起来,擦了眼泪,说:"妈妈,我们回家吧。"

李太太听完女儿的心事后,心想,要好好商量下孩子在幼儿园的上学问题了。

从这个故事中,我们发现,李太太是个细心的人,当女儿说不想去上学时,她并没有对孩子进行批评和指责,而是循循善诱,让孩子道出了心事,这样的沟通才是有效的,才能帮助孩子疏解困扰。

因此,作为父母的,要体贴和帮助孩子,要对孩子身心发展的状况予以留意，对他们某些特有的行为举止要予以理解并认真对待。认识到孩子的情绪管理至关重要，继而理解孩子，和孩子做朋友。

家长要做到：

1.细心观察，观察孩子的心情好坏

作为父母，你是否发现，当孩子呱呱坠地时，我们会特别留意他，会留意孩子的声调、面部表情、动作、姿势等，会用自己的行动表达对孩子的爱，可当孩子逐渐长大后，做父母的，反倒把这种表达爱的方式搁浅了，而这种细微的变化，

很多父母都没有注意到，因此孩子离我们越来越远。大多数情况是，孩子的各种情绪日益明显，很多家长开始抱怨孩子不好管，而事实上，没有教不好的孩子，只有不好的教育方法。只要方法妥当，任何孩子都是优秀的；只要用心，总能找到合适的教育方法，而孩子更需要的是家长的爱和关心。

2.理解、信任你的孩子，查找孩子消极情绪产生的原因

可怜天下父母心，每个父母都是爱孩子的，可是教育的结果却完全不同，为什么有的家长能跟孩子和谐相处，情同知己，有的却水火不容、形同陌路。这就是教育方法的不同所带来的，作为父母，首先就要了解你的孩子，关注孩子的成长过程，你要了解孩子烦恼产生的来源，只要这样，才能对症下药，帮助孩子解决烦恼。

3.适当"讨好"一下你的孩子，缩短彼此间的心理距离

当然，这里的"讨好"并不具备任何功利的目的，而是为了加强亲子关系，父母应该偶尔赞扬一下你的孩子，或者带孩子出去散散心等，让孩子感受到家庭的温暖，彼此间的心理距离就拉近了。那么，孩子自然愿意向你倾诉了。

4.不要总是压制孩子表达自己的想法

任何父母，都希望自己的孩子把自己当朋友，对自己倾吐成长中的烦恼与快乐，然而，孩子越大越难与他们沟通，这是很多父母共同的感受。这是由什么造成的呢？其实，孩子也想对父母说实话，只是很多父母总是端着家长的架子，甚至压制

孩子的想法，孩子又怎么愿意与你沟通呢？因此，聪明的父母都会引导孩子发表自己的意见，让孩子畅所欲言。

5.分享孩子的感受

无论孩子的心情如何，也无论孩子是向你们报喜还是诉苦，你们最好暂停手边的工作，静心倾听。若边工作边听，也要及时作出反应，表示出自己的想法或感受，倘若只是敷衍了事，孩子得不到积极的回应，日后也就懒得再与大人交流和分享感受了。

望子成龙、望女成凤的家长们，在日常生活中，如果你发现你的孩子满脸愁容，那么你就要考虑下自己的孩子是否在为某件事烦心，此时，你要从理解孩子、尊重孩子的角度，做孩子的朋友，或许他会对你敞开心扉！

帮助孩子改掉坏脾气，培养孩子的良好修养

脾气，是日常生活中常常碰到的普遍心理现象之一。每个人都有脾气，一些儿童脾气急躁，遇事容易冲动，特别是对一些不顺心或自己看不惯的事，常常容易生气或怄气，有时还同人家争吵，说出一些使人难堪的话，或影响同学间团结，或影响了家庭的和睦。这一点在3岁孩子身上尤为明显，因为此时的孩子情绪外露，喜欢把情绪挂在脸上，因此更需要我们引导孩

子学会控制情绪。

实际上，人的脾气有好有坏。脾气好的人无论到哪里，都会受到欢迎，别人喜欢同他合作、共事；脾气不好的人，则常常给自己和别人带来苦恼，使别人觉得难于与之相处。

人的脾气的好与坏，与人生活和学习的环境有很大关系。温顺、平和、忍耐等好脾气，往往同和睦温暖的家庭环境以及良好的教养有密切的联系；而暴躁、倔犟、怪癖、任性等坏脾气，则常常与娇生惯养、过分溺爱或得不到家庭温暖、父母的要求过于严厉有关。

作为父母，我们都知道，孩子脾气好是有修养的表现，而培养孩子良好的脾气，比用服装和打扮来美化他，要具备更高一层的精神境界。一个脾气暴躁的孩子，很难想象他能有什么美好未来。那么，我们该怎么样通过培养孩子的良好修养来达到控制孩子脾气的目的呢？

1.帮助孩子认识到坏脾气的危害

我们要让孩子明白，我们在社会生活中，总要同其他人进行接触和交往，希望得到别人的好感、友情、赞赏、合作，否则，就会感到孤独、寂寞，没有生气，寸步难行。人的行为是受意识调节和控制的，孩子认识到了坏脾气的危害，便可从内心产生改掉坏脾气的要求。

2.引导孩子多看书、多思考

儿童的修养并不是一个月两个月可以改变的，这需要长时

间的修养和熏陶。

比如，我们很久没见一个人，会说他变了一个样，其实就是周围生活熏陶出来的。多读书总有好处，书读得少的话其他练得再多也还是没有内涵的。还有一点就是，想成为什么人，就和什么人交朋友，家长要让儿童远离一些思想品行低下的不良人士。

3.给孩子一个好的生活环境

一个好的生活环境，好的心态，才能培养出孩子好的气质修养。

4.增强孩子的阅历

不一样的环境会造就不一样的人，一个孩子的阅历、学识，对自己的了解程度都会对修养有一定的影响。

5.让孩子学会控制住自己的情绪

情绪的自控能力的强弱是孩子自制力的重要方面。家长可以这样做：

（1）让孩子学会宁静。发现孩子放松自己的方法，鼓励他运用这些方法放松自己，特别是在他放学后或者一段时间以来非常活跃之时——这些时候，他可能认为自己很难"着陆"。

（2）警惕不要让那些真正需要安静时间、喜欢一个人独处的孩子，随着时间的流逝而变得离群索居。注意观察他可能出现的任何"孤独"的征兆。

（3）孩子的忌妒、愤怒、沮丧以及怨恨的感受，应该是可以接受的，而不应该遭致惩罚或拒绝。不过，虽然可以有这样的感受，但不能因此而伤害他人。这时候可以帮助他提出他的要求。比如对他说："我想你现在很伤心难过，给你一个拥抱，你会觉着好点吗？"

（4）给每个较小的孩子配备一本感受日志，让他们在固定（或者自由）的时间里，写下他们对作品、学校、事件或人物的反应。

（5）情绪表达需要特别的词汇。他必须知道他可以选用哪些语词来表达自己的感受，而且，如果这种信息以恰当的方式告知他们，他们会非常乐意拓展自己的语汇，以替代那些咒骂性的语言。

（6）给出一些不完整的句子，让孩子去补充完成。比如："当……的时候，我最幸福""当我生气的时候，我……""当……的时候，我感觉自己非常重要""当……的时候，我感到沮丧""当……的时候，我可能选择选择放弃""当我被训斥的时候，我想……"

（7）在没有压力的寻常时间里，找个机会开诚布公地告诉他，在他需要的时候，家永远是他的庇护所。

一个人的修养必然会带来气质上的变化，所以，如果父母希望自己的孩子成为一个仪态端庄，充满自信、能吸引别人的人，就要让孩子在3岁情绪敏感期就学会管理自己的情绪，就要不断提高孩子的知识、品德修养，不断丰富他们的人生阅历。

孩子爱哭闹，家长如何处理

我们都知道，家庭教育是一切教育的起点，家庭教育无处不影响着孩子的成长，良好的家庭教育能塑造孩子美好的品质。而一些父母发现，到了3岁以后，孩子的自控能力似乎很差，动不动就发脾气，或者哭闹，其实，这是因为3岁是孩子情绪敏感期，此时的情绪特点就是冲动、外露和易变。

对于年幼的孩子来说，他们之所以哭闹、发脾气，多半是因为他的诉求得不到满足，最早是体现在他们的需求得不到满足而产生的不满与焦躁情绪，而随着他们年龄的增长，孩子到了3岁以后，他们进入了人生第一个叛逆期，情绪多变就成了第一个特征。

生活中经常会发生一些不快的事件，这些事件会影响人们的情绪，尤其是遭受挫折时，人们会沮丧、抑郁，孩子当然也不例外，例如孩子在学校被批评，或者被同学欺负了等，这时孩子就会出现明显的挫折感，他们显得不高兴，就会找出一种发泄的方法，发脾气就是其中最常见的一种，甚至有些性格懦弱的孩子还会哭闹。一碰到孩子哭闹，父母就觉得是不是自己没有做好，内心有愧疚；还有的妈妈听不得孩子哭，孩子一哭就要想办法制止；还有一些家长，面对孩子哭闹或是发脾气的时候，自己也按捺不住心中的怒火，或是训斥或是打骂孩子。这些都是错误的解决办法，只能强化孩子的这种消极心理。

溺爱孩子，就是认同孩子发脾气是正确的，而家长的认同是孩子的"通行令"，只能增长孩子的坏脾气。而父母对孩子比较粗暴，动不动就训斥孩子，孩子对各种事情没有任何解释和发言权，这样会使孩子减少或缺乏学习用语言正确表达情感的机会，也就有可能最终学会粗暴待人等不良习惯，这会对孩子的未来造成消极影响，不利于孩子以后的生活和事业。

那么，如何正确对待孩子的坏脾气呢？

第一，家长要首先管理好自己的情绪，给孩子做个榜样。如果家长自己都不能很好地管理自己的情绪，比如孩子哭闹时，自己先忍不住，要么逃避要么以不耐烦甚至粗暴的态度面对孩子的话，孩子是不可能学会正确管理情绪的。

一位妈妈这样写道:"别以为小孩什么事情都不懂,她可都看在眼里呢,有一次她冲我发脾气,我就说她:'小姑娘不可以这么大声说话',结果就听到她小声嘟囔:'妈妈和爸爸不开心的时候也这么大声说话的。'听到女儿这么说,从那以后,我尽量克制自己的急性子,暗自发誓要给她树立一个优雅妈妈的好榜样。"

无数事实证明,父母的一言一行对孩子的影响是巨大的,如果父母说话大嗓门,那孩子讲话也必然不能细声细语;父母说话无所顾忌,孩子自然也会大大咧咧……所以要想培养出好脾气的孩子,父母必须以身作则。

这就需要家长明白两个道理:

1.要想正确面对孩子的哭闹,首先我们需要了解,孩子为什么会这样做

家长需要认识到,哭闹和发脾气,是孩子心情不好的时候的一种本能表现,是孩子发泄心中负面情绪的一种方式。一方面,他们还小,不能很好地控制自己的情绪;另一方面,孩子需要学习其他更能够被别人接受的方式,让自己心情平静。

2.小孩子的哭闹和发脾气,并不是坏事

小孩子的哭闹和发脾气,其实是好事,因为让负面情绪发泄出来,孩子的心理才健康。家长要做的不是压抑孩子、不让他们哭,而是要帮助孩子逐渐学习如何通过其他方式来发泄。由于孩子对自己情绪的控制能力比较差,他们时不时地发"小脾气"是常见的事情。

帮助孩子控制自己的脾气，这需要一个过程，因为孩子的自控能力不是一下子就能形成的。可能在很长的时间里，家长都需要耐心地面对孩子的哭闹，并逐渐引导孩子学会其他的发泄方式。中国有句老话："孩子见了娘，没事哭三场。"确实，孩子在母亲面前，要比在别人面前更爱哭闹。这是非常正常的现象，妈妈们千万不要担心，别以为这样会把孩子惯坏。

第二，要认识到成功的沟通没有秘诀，和孩子的沟通能有效地帮助孩子控制自己的脾气。沟通没有通用的模式，与一个孩子沟通的方式并不总是适合于另一个孩子。因此，父母必须根据自己孩子的特点，创造自己的沟通方式。比如：

一位母亲的儿子个性内向，沉默寡言，但脾气暴躁，一般的方法难以获得有效的沟通。于是，这位母亲根据儿子喜欢听音乐、写作和阅读的特点，经常与儿子一起到书店去，在那里听儿子向她讲述故事和书里的人物，以此了解他的想法和感受；她还和儿子一起听音乐、做儿子作品的第一个读者，不断进行鼓励。她的儿子最终慢慢地温顺了起来。

可见，成功的亲子沟通没有什么秘诀，只要你是有心人，就能找到适合自己孩子的沟通方式。

第三，帮助孩子找到合理的发泄情绪的方式。家长要帮助孩子学会用语言表达内心的感受。比如孩子因为妈妈不同意带他去吃麦当劳而哭闹的时候，妈妈可以说："你现在一定很想去吃麦当劳,可是我们约定一周才能去一次,今天去不了,真遗憾,我也替你感到很伤心。"这样帮孩子说出来,孩子心里就会感觉好受一些。逐渐地,他也能够学会,用语言代替哭泣来表达情绪。还有一点需要强调的是,家长要允许孩子哭闹,但是,不能因为孩子的哭闹而纵容孩子。

有的家长特别怕孩子哭,一看孩子哭,就会纵容孩子的某些错误做法,或者给孩子许诺,满足孩子的"无理要求"。比如孩子一哭就答应给孩子买糖买玩具什么的,这样做,不仅不能解决问题,还会让孩子发现,哭闹能换来很多"好处",以后,他会更多地采用这一"秘密武器"。

孩子长大一些时,则尽量鼓励孩子用语言表达自己的情绪,告诉他遇到问题时要讲道理,说原由,而不要动不动就乱闹、发脾气。

父母不要当着孩子的面吵架

作为父母,我们都希望自己的孩子能在成长阶段养成好性格和好脾气,并且,我们深知3岁的孩子更需要父母帮助其调控情绪,然而,他们忽视的一点是,孩子的情绪管理能力如何,首先来自于父母要给他们一个温馨和谐的家庭氛围,而要做到这一点,首先我们父母就不要当着孩子的面吵架。专家告诫父母,让孩子生活得有安全感是父母的责任,家长相互攻击、谩骂对孩子心理造成的负面影响将难以弥补。如果夫妻间确实有矛盾需要解决,父母必须要考虑孩子的心理感受,尽量控制情绪,不要随意发泄。我们来看下面两则案例:

案例1

这天早上,东东和往常一样来到了幼儿园,走进教室却没有和老师打招呼,就径直走到了自己的座位上,低着头,也不说话,只是玩弄着铅笔。看着东东反常的样子,老师走过来,问:"东东,今天怎么也不说'老师早'了?"

东东抬起头,他两只眼睛红红的、肿肿的。老师笑着问:"是不是早上不肯吃早饭,被妈妈打了?"东东摇摇头。

老师又问道:"那你眼睛怎么肿了?是不是早上哭过了。"东东点点头,老师又问他是什么原因,他就是不说。

老师拉着东东的手说:"东东,不要怕,老师会帮助你的。"

东东迟疑了一会,说道:"早上爸爸、妈妈吵架了,吵得很凶,我快吓死了。"说着说着,好像又要哭出来了。

这时,老师把东东搂在怀里漫,安慰他说:"没关系,爸爸、妈妈吵架,一会就好了,他们还是爱你的,不信你放学回到家里看看,爸爸、妈妈肯定已经和好了。"东东半信半疑的问:"是真的吗?"

案例2

小明是个脾气火爆的男孩,在幼儿园的时候,经常因为

一个玩具跟小伙伴打架,这让老师很头疼,老师经过家访了解到,原来小明的父母总是吵架。

小敏的爸爸妈妈都是上班族,因为工作都很忙,心情都不是很好,常常发生口角,从最初的沟通,慢慢到争吵,最后变成严重的冷战和对立。

小明刚开始感到很困惑、恐慌、静静地呆坐在沙发上,慢慢地到不以为然,到最后逐渐接受了父母争吵和粗暴的行为,自己也变得喜欢发脾气。

从以上两则案例中,我们可以看到,父母当着孩子的面吵架,对孩子造成的伤害是多方面的,要么让孩子感到恐慌,要么会让孩子在耳濡目染中逐步形成火爆的性格,容易发脾气。

的确,相对于成人来说,孩子的心理承受能力很差,如果经常处在这种环境中,对孩子的智力和身体发育都会有不良影响。父母在孩子面前吵架,还会破坏父母的形象。吵架时双方互相指责对方的弱点和缺陷,当孩子不愿意听从某一方时,便会利用这一点来反抗。父母双方如果经常吵架,就会常常疏忽冷落孩子。父母处于极度的情绪紧张状态中,从而也造成孩子情绪紧张,妨碍了孩子正常的情感发展,还会导致孩子模仿父母的不正常行为,使得以后的家庭生活受挫或社会适应不良。

有的家长还利用孩子来反对另一方,在孩子面前诉说另一方的缺点和不足,这种做法也是错误的。它等于把孩子也卷入了家长的战场之中。年幼的孩子,根本不能理解这是怎么回事，只会在心灵上留下深深的创伤。若真的无法避免吵架，请等孩子入睡后，或孩子不在的时候沟通、解决。

夫妻吵架后母亲的眼泪，也绝不要让孩子看到，父母其中一人的离去，及父母间的恶言责骂，都会给孩子留下阴影。有时，父母也会像个孩子，因为一件小事，就在孩子面前忍不住吵了。而后呢？怎么让自己从愤怒的情绪里解脱出来？怎么和他和好？还有怎么和孩子说。有了孩子，夫妻吵架的问题就比较复杂了。往往事情不大，但谁都想说出自己的理，可当着孩子的面好多话又没法说出来，因为不知道会给孩子的心灵造成什么样的影响。

其实，吵架会不会给夫妻之间，给孩子带来影响，取决于父母吵架以后解决矛盾的方式。现代婚姻专家发现，夫妻吵架的直接原因往往是生活中的小事，既然如此，就没有必要一定要想办法避免吵架，因为从来不吵架的夫妻往往是害怕彼此意见不合。吵架以后怎么解决矛盾，才会真正对夫妻和孩子没有影响，最好的办法是：夫妻吵架和好后，让孩子看不到争吵对父母的爱情有什么实质上的影响。

不过还好，解决问题的原则比吵架的原则更容易遵循和掌握，因为，人平静下来的时候，就更容易注意到自己在说什么，在做什么。

的确，父母吵架是在所难免的，但是要尽量减少吵架的次数，特别是不能在孩子面前吵架。这个时候的孩子，正是身心发展的重要时期，父母的吵架会给孩子幼小的心灵上带来伤害，也会影响孩子的学习情况。所以，请每个做父母的，给孩子多一点关爱、多一点温暖，少一些无谓的争吵。

其实，即使是在和睦的家庭中，夫妻之间也难免会争吵，以致双方互相指责。尽管这常被看作小事一桩或正常现象，但却忽视不得，因为它会给孩子的心灵留下难以弥补的创伤。如果孩子在场，最明智的方式莫过于心平气和地各抒己见，化干戈为玉帛，以理服人。因此，父母不要在孩子面前吵架，要互相谦让，让孩子有一种和谐安定的归属感。

第 04 章

3岁人际关系萌芽期——帮助孩子不断扩大交往圈

儿童教育专家认为,孩子的友谊是从一对一交换玩具和食物开始,到寻找相同情趣的伙伴并开始相互依恋,从和许多小朋友玩到只和一两个小朋友交往,孩子自己经历了人际交往的全过程,而这种交往智能是与生俱来的。而当孩子到了3岁,开始更喜欢与小朋友玩耍,希望别的小伙伴能喜欢自己,这是因为3岁是孩子的人际关系萌芽期,作为父母,我们要抓住孩子此时渴望交往的心理特征,帮助孩子不断扩大交往,提升他们的社交情商。

孩子为什么喜欢交朋友

妞妞今年3岁半了，以前妈妈让她跟别的小朋友一起玩，她总是推辞，往妈妈身后躲，但从今年开始，妞妞好像完全变了一个人，妈妈带她到公园玩，不到一会儿，她就跑到其他孩子身边去了，孩子爱交朋友是好事，但妈妈却担心一点，妞妞好像并不是很受人欢迎。

今年妞妞上了幼儿园，但她不喜欢别人碰她的东西，也不喜欢跟人分享，回家后，妈妈问她为什么不愿意跟其他小朋友交换玩具，妞妞说："那是我的玩具，我为什么要给他们玩？"妈妈告诉妞妞："要交到好朋友，就要懂得付出啊，你愿意把玩具让给其他小朋友，他们也会愿意让给你，这不是很好吗？"妞妞若有所思地点点头。

"结交新朋勿忘旧友，一如浓茶一如美酒，情谊之路长无尽头，愿这友谊天长地久。"这是一首儿童友谊歌，每个人都需要朋友，我们的孩子也是。那么，在故事中，妞妞为什么突然喜欢交朋友了？这是因为孩子到了人际关系敏感期，随着他们不断成长，孩子开始学会认识自己、形成自我，所以也开始学会和同伴交往，表达自己的感情。

其实，孩子人际交往敏感期就是从分享食物和一对一的玩具交换开始的。人类友谊的常青藤从幼儿期就开始萌芽了,可是怎么样建立友谊,怎样化解人与人之间的分歧和矛盾,让我们拥有更多的朋友,得到别人的认可,恐怕很多成年人都觉得无所适从。很多家长意外地发现懵懂的孩子刚上幼儿园就已经有了一个属于自己的小群体,这到底是为什么呢?原因在于,孩子正处在人际关系敏感期。

这样的过程才会符合孩子心理成长的规律。在孩子们一起玩耍的过程中,他们的人际关系逐渐建立起来了,他们平等地交往着,他们学会了承受、判断、如何与人说话、如何揣摩别人的心理,这奠定了他们人际交往的基础,这段时间对于孩子

们来说实在是太重要了，他们需要大人的理解，更需要大人有技巧的帮助。

那么，父母怎样引导处于人际关系敏感期的孩子交到好朋友呢？

1.鼓励孩子在平等的原则上交友

在孩子交友的过程，要教育他们信赖朋友，珍惜友谊，不要轻易地怀疑、怨恨、敌视他人，不允许无故欺侮弱者。

2.培育孩子关心他人，爱护他人，助人为乐的高尚情操

孩子无论在学校或家庭里，都要养成这样的好品德：在家尊老爱幼，在校尊教师、爱同学。因为只有关心别人，才有可能与别人合作。

3.如果你的孩子已经交上了朋友，父母要及时给予肯定

比如对孩子说："真高兴你有了自己的朋友，听说你的朋友很棒，你们应该互相关心，互相帮助。"或者说："听说你交的朋友很出色，我很想见见他，你看可以吗？"

4.如果你的孩子还没有朋友，则应积极帮孩子寻找

比如鼓励孩子与家附近的孩子一起玩，与同事或同学的孩子一起玩。并适时和孩子讨论他们交往的情况，帮助孩子分析并做出选择。

5.要欢迎孩子的朋友到家里来

把孩子的朋友当成自己的朋友一样，采取热情欢迎的态度。当孩子来家里时，父母应该说："我们家来朋友啦，欢迎欢迎。"或者"真高兴我的孩子有你这样的朋友，你们能来太好了！"而且要鼓励孩子认真接待，让孩子的朋友感觉到你对他们的支持和赏识。

需要注意的是，对于孩子和朋友的交往，父母也不能听之任之，使孩子陷入不当的交际圈。而是要充分利用他们喜欢交往的心理，因势利导，正确地引导和帮助他们建立纯真的友谊。

父母不能因噎废食，还是要让孩子积极参加各项有益的活动的，但必须得让他们知道哪些朋友是不该交的。如果你对孩子的朋友某个方面很不满意，就应该当着孩子的面严肃地说出来。

友谊是每个孩子童年的重要组成部分。对孩子们来说，结交朋友似乎是这个世界上最自然不过的事情。毕竟，他们整天待在教室里，一块儿吃午餐，一起在操场上玩耍。然而有时候孩子也需要爸爸妈妈的一点帮助，把天天见面的熟人变成自己的朋友。由于年龄相近、志趣相投、关系融洽、地位平等，同伴群体能满足孩子游戏、友谊、安全、自尊、认同等方面的需要。父母要让孩子明白，友谊是一笔宝贵的财富，要鼓励孩子在周围的生活圈子中多交善友，这会让你的孩子一生受益无穷！

孩子害怕与人交际，怎么办

人际交往是一门学问，童年是培养一个人交往能力的重要

时期，这是积累人生阅历和社会实践能力的重要表现能力之一。然而，对于3岁的孩子来说，他们对父母还很依恋，因此很多孩子不敢与人交际，那么，对于这种情况，我们该如何引导呢？

教育心理学家认为，家长要关注孩子成长，别把孩子的不自信当成孩子的内向和害羞，一旦发现孩子不自信，就需要根据孩子的特点进行引导，让孩子喜欢交往，擅长交往。但家长也不必担心，这个年龄段的孩子性格可塑性很大，及时正确引导，是完全可以达到效果的。

那么，家长具体应该怎么做呢？

1.创设机会，给他与人接触的机会

您可以带孩子参加故事会、联欢活动等，还可以经常带孩子走亲访友，或把邻居小朋友请到家中，拿出玩具、糖果、画报，让孩子慢慢习惯于和别的孩子交往。孩子通常需要安全感，所以起初有家长在一旁陪伴，会让他比较放心。

2.家长多进行积极引导，避免强调孩子的弱点

如果家长朋友说："我的女儿胆子小、不自信、走不出去"，实际上这是强化孩子的弱点，结果是："胆大"的孩子更"胆大"，"害羞"的孩子更"害羞"。有的家长会有意无意地说："你看人家妹妹都会打招呼，你怎么都不会说呢？"这样的比较，反而会对孩子幼小的自尊心产生伤害，让他们更加害羞，更加不愿意说话。所以您不要轻易去比较，要相信自己的孩子就是最棒的。

当有其他人问候她时，您可以让孩子自己来回答，不必代替孩子来说。如果孩子不愿意说，您可以进行一些引导，如"小朋友跟你问好了，你该怎么回答啊？"当孩子自己与"陌生人"进行交流以后，逐渐就会胆大和自信起来。

3.教给孩子一些交往技巧

这是让你的宝贝逐渐自信起来的最佳办法。您可以教给孩子一些交往技巧。比如：带着有趣的玩具走到其他小朋友的身边，这就能吸引别人的注意；做与其他小朋友一样的动作，也会得到友好的回应；想玩别人的东西，就教孩子说："哥哥姐姐让我玩玩好吗？"让孩子自己去说，哪怕是您教半句，孩子学半句也好。如果得到了满意的回答也别急着玩，要让孩子学会说"谢谢"。如果得不到满意的回答，您可以打圆场，转移孩子的注意力。家长要明白，集体里孩子是一定会经历失败的，父母现在教孩子一些交往技巧，以后孩子独立面对失败时就不会承受不起。

4.及时表扬你的孩子

我们的孩子都是脆弱的，他在交往中迈出的每一步都需要父母的支持与鼓励。当孩子能大胆与其他人进行交往时，及时的表扬会让孩子更加自信，更乐于去与别人交往。

5.让孩子多做些运动

研究表明，无论男孩女孩，运动能够增强孩子的自信心，发展孩子的交往能力。家长也不妨多和孩子玩一些体育运动，

如球类游戏、赛跑游戏等。引导孩子学会交流的最好时机是在她进行最喜欢的活动的同时。一般来讲，在大人与小孩子，或者孩子与孩子互动玩乐、运动的时候是孩子最放松的时候，也是引导他与人交流的最好时机。

我们教育孩子，除了给孩子一个轻松舒适的生长环境、优越的生活条件、有品位的生活以外，还需要教会孩子如何自信地与人交往，而这需要我们在孩子还很小的时候就对其制定一些交往规矩，要知道，一个落落大方、平易近人的人才能赢得别人的赞同、尊重和喜欢，才不会孤独。

鼓励孩子克服害羞，大胆表达自己

作为父母，我们都知道，我们细心培育的孩子，总是要参与未来社会的竞争的，他们要出入各种场合，接受社会的"检验"，只有落落大方、不卑不亢的人才能得到别人的认同和赞赏。因此，家长在培养孩子的时候，一定要注意让孩子大胆表达，这对孩子以后的成长大有益处。而与之相对的，就是胆怯，一些父母认为，我的孩子只是比较腼腆害羞而已，而这其实也是胆怯的表现，对于这种情况，我们也要注意帮助孩子调整，尤其是在孩子3岁敏感期时就要加以引导。

"女儿很腼腆，如果让她在亲朋好友面前唱歌、跳舞、讲故事，她总是低下头，紧张得半天开不了口。"

"儿子从小就害羞，家里来了生人（包括不经常往来的亲属），他会很快躲到妈妈的背后，把脸藏起来。"

"女儿在幼儿园从不主动表现自己——回答问题不积极，不主动找小朋友玩……我问她为什么？她总是说不好意思。可是她在家却总是表现得很活泼。"

这些都是日常生活中很多父母的感慨，在日常生活中，很多孩子在自己家中活泼大方、能说会道，可一旦到别人家里或碰到生人，就会局促不安、胆怯怕生，做什么事都要成人代劳。对此，父母们也很是无可奈何："这孩子，在家里挺能的，怎么出来就变样了？"诚然，每个孩子都有一个正常的害羞期，但这是在孩子1~2岁的时候，过了这个年龄，如果孩子还是胆小怕事，小家子气的话，恐怕父母就需要进行引导了。

可以说，很多孩子这种小家子气的形成，是和父母的教育有很大的关系的。

1.父母过于溺爱，让孩子没有独立面对人际的能力

我们不得不承认，很多父母是把自己的孩子当成"宝贝"来养的，父母不忘孩子才情的培养，但是忽略了孩子也将要成为社会的一份子，这样的孩子尽管能在知识储备上高人一筹，但是没有熟练的人际交往能力，与人交往的时候，不能轻松自如，在气质上充其量是"小家碧玉"，而不是"大家闺秀"。

2.很多父母给孩子"贴标签"

孩子小家子气的缺点其实是父母长期给他"贴标签"的结果,当孩子在人前忸怩的时候,父母不是鼓励孩子大方交往,而是以孩子害羞给自己找台阶,长此以往,孩子也就不敢交往了。

每次带燕燕出去,妈妈总会提前给女儿打"预防针":诸如见到认识的叔叔阿姨、爷爷奶奶要主动问好,人家问什么要好好回答……但十次有十次女儿拿她的话当耳边风,偶有巧遇她也会把脸扭向一边根本不看人家;如果对方是高高大大的男性,她就干脆趴在妈妈身上给人家一个后背。这时,妈妈往往会以"这孩子害羞"敷衍过去,觉得这样才能在熟人面前挽回点面子。

可能,和燕燕妈妈一样,很多家长在孩子给自己"丢面子"时,都会赶紧向对方解释,"我女儿太腼腆"或"她是我们家脸皮最薄的"。可家长忘记的是,这种当着孩子的面说孩子害羞是十分不妥的。这就好似给孩子贴上了一个"害羞"的标签,当这种"我是害羞的"的意识深深植入孩子的内心,他就会认为自己就是这个样子了,以后他还会利用这个标志来逃避不喜欢的人——这时,害羞就成为了孩子一种有意识的行为。

3.当孩子不能大方与人交流时,父母不是体贴反而指责

扭捏、小家子气的孩子一般都会自信心不足,父母一味指责只会让孩子的自信心再次受到打击。可以想象,一个自信心严重受创的孩子,又怎么可能变得开朗大方呢?

以上这些都是父母教育孩子过程中出现的一些误区,杜绝孩子的小家子气,父母必须也要杜绝这些教育失误,父母的教育决定着孩子成为一个什么样的人,父母要想培养孩子的气质,就要让孩子学会在待人接物上落落大方,日后才能成为一个有大气的勇者!

孩子之间的矛盾,让孩子自己解决

作为父母,我们都知道培养孩子情商的重要性,而随着年

龄的增长，孩子到了3岁以后，他们的人际关系会随之扩大，此时，在与人交往的过程中，难免会产生一些矛盾，如果处理不好，会使他们产生"困惑""曲解"或"冷漠"等消极心理，并导致他们产生认识偏差、情绪偏差，进而会做出不适应、不理智甚至极端的行为反应。那么，此时，我们该如何帮助孩子呢？正确的做法是让孩子自己解决与人交往中遇到的矛盾。当孩子达到一定年龄时，不妨让他们自己处理纠纷，大人不要越俎代庖。

具体来说，我们可以这样引导孩子：

1.要让孩子懂得反省自己

你要告诉孩子一个道理，如果你的朋友中，个别对你有意见，可能是对方的问题，但如果你在大家中被孤立或者被众人排挤的话，估计就是你的问题了，此时，你要做的就是反省自己，看看自己哪里不对，你试想一下，你是不是太"自我中心"了——凡事很少为别人着想，自己想怎样就怎样，或对朋友不怎么关心等。

2.让孩子懂得控制自己的情绪

情绪化是3岁孩子的典型特征，我们父母要帮助孩子学会控制自己的情绪和脾气，要告诉孩子："当你被激怒时，或者当你觉得自己血往上涌，只想拍桌子的时候，千万要转移注意力，或者数数，或者离开那个环境，当你学会控制情绪时，你就长大了。"

3.告诉孩子要大度、宽容

我们要让孩子明白朋友之间，难免个性不同，生活习惯不同，要学会彼此尊重和包容。人都是重情谊的，你帮他，他也会帮你，互相帮助中，友谊更加深厚。在深厚友谊的基础上，彼此给对方提一些意见是很容易接受的。不是什么原则上的大错误，不要斤斤计较，多包容。

4.帮助孩子正确看待每个人的长处和不足

人无完人，金无足赤。我们可以告诉孩子："如果你发现你的朋友在外面彬彬有礼而跟你在一起有点粗鲁，可能正说明他真的把你朋友，不能因为谁有某种不足就讨厌他。如果这个缺点不是品质上的，不是道德问题的话，大家能够走到一起，本身就是一种缘。"

5.让孩子学会与人商量，减少矛盾

小敏经常与伙伴发生争执，这源于她的强硬和粗鲁。比如，抢曼曼正看着的童话书；偷踩月月新买的电动玩具车……妈妈告诉小敏，伙伴之间可以交换书和玩具，但要学会和对方商量。不能蛮抢横夺。妈妈反复训练小敏这样说话："我和你们一起捉迷藏好吗？""你可以把电动玩具车借我玩吗？"慢慢地，小敏的嘴巴果真变"甜"了。一天，楼下的强强在玩四驱车，小敏很想试试，就走上前去对强强说："我想玩玩你的四驱车，保证不会弄坏。我也可以借你一样玩具，我们交换玩好吗？"不费吹灰之力，四驱车被小敏借到了手。

3岁以后的孩子，已经有了一定的语言能力，我们要告诉孩子，让他和同学、朋友一起玩，逐步提高谦让、忍耐、协作的能力，要多与人商量，减少矛盾，否则孩子总和父母与家人相处在一起，备受宠爱，培养不了这方面的能力，以后进入社会就不能很好地和同事相处。

6.让孩子多帮助别人和关心别人

我们要告诉孩子经常帮助别人的人，自己也会得到别人的帮助。"比如同学肚子疼了，给她灌一个热水袋，倒点热水；同学哭了，送她一块纸巾，拍拍她的肩膀，不用说话就能把关心传递过去；这都会让你和姐妹们的感情升温。"

孩子到了3岁以后，就要从家庭到幼儿园。有了新的环境，他们都希望自己可以交到更多的朋友，可是在处理和同学之间关系的时候，会因为人生阅历的不足，形成一些失误，此时，我们要让孩子自己处理，但同时也可以给出指导，我们要帮助他们从那种被排斥的感觉中逐渐成长，因为每一个人独特的与别人相处的方式，都是要经过一番努力才能学会的。

小小年纪就嫉妒，如何成长

嫉妒心是在自己不如别人优越而有了失落感时才会产生的。嫉妒心是对某些方面超越自己的人的一种忌恨，是对无意或有意竞争者的一种仇恨心。一般来说，一个人并不对所有的人产生嫉妒，只是嫉妒比自己强的人，每当与这些比自己强的人在一起时，嫉妒就会产生，内心就会产生一种痛苦的刺激，从而造成情绪上的抵触和对立，最后把这种变态情绪发泄到对方身上。

而对于3岁的孩子来说，他也会有嫉妒心理，比如，当我们夸赞他（她）的同伴时，孩子说："如果你喜欢××，你去当他的妈妈吧。"或者当别的小朋友的手工作品比自己好时，孩子会说："有什么了不起的，我也会。"一定的嫉妒心，会让孩子产生竞争心理，但如果他的心被嫉妒吞噬，势必会影响到

其成长，对此，我们必须意识到根除孩子的嫉妒心，才能顺利引导他克服嫉妒，培养宽广心胸，为此，我们可以这样：

第一，父母需要帮助孩子认识到嫉妒的危害，不做损人害己的蠢事。要让孩子明白，一个孩子最重要的就是拥有良好的性格，家长不妨把嫉妒的危害一条条列给他看。

（1）对己来说，嫉妒憎恨别人又无法启齿，只会让自己在痛苦中煎熬。

（2）对别人来说，被嫉妒者往往因挫折反而勇敢进取更显优秀。嫉妒无损他人而折磨自己。

（3）嫉妒是丑陋的。从近处说它破坏友谊。集体中互相学习互相帮助，共同进步的正气多么令人愉快，而嫉妒者不顾同学之情，朋友之谊，为发泄憎恨而干损人不利己的蠢事，结果只能被集体嘲笑和孤立。从远处说，一旦道德堕落，干出伤天害理之事，还将受到社会谴责、法律惩处。

第二，告诉孩子：胸怀开阔些，目光放远些，嫉妒就无处藏"心"。

有位妈妈这样陈述自己的教女经验："小时候女儿常说：'我比她画得好，为什么不能去比赛''她有芭比娃娃我没有'，这是典型的嫉妒语言。上学后，因为有更多机会和同伴比较，嫉妒也变得更明显。我认为嫉妒的根源是自私，只想自己，不为他人或集体考虑。症结是胸襟狭窄，容不得他人好。因此，我让女儿躲开嫉妒毒果，是从帮她改正自私开始的，道理很简单,谁不想成功,谁不为自己的成功和优秀而高兴?而人都有长处和短处,怎么可能你一人处处都长,他人处处都短呢?说到底,矫正嫉妒心理,实际上就是抑制以自我为中心的奢欲。我的教育是有用的,有次班上成绩最好的同学考试忘记带笔,女儿把笔借她。事后女儿说:"帮助别人、为别人的优秀而高兴,是很愉悦的。"确实,女儿的开朗大度赢得了伙伴的友情,是班里最有亲和力的人。我想,孩子有了开阔的胸怀,就能将目光放远,如此,嫉妒还能伤害他们吗?"

第三,接纳孩子的情感,帮助孩子从嫉妒中解脱出来。面对孩子的嫉妒,首先不能言辞激烈地去指责他、批评他,而应该耐心听他对这种感觉的描述。因为,这时孩子最需要有人聆听他的倾诉并能理解他和体谅他。孩子的嫉妒心随时会冒出来,父母不可能去消灭它,但我们可以通过接纳理解他,然后运用智慧,让这种情绪转化为激发潜能的动力。

第四,父母的爱和榜样是化解嫉妒的良药。作为父母,我们都希望给孩子足够的爱,为此,我们就要不吝惜对孩子的鼓励和称赞,让孩子有安全感和幸福感。这样,孩子就不容易被别人的好运所打动,不会沉浸在对别人的艳羡之中,反而会自信地发展自己的优势。更重要的是父母的爱,还能让孩子拥有难能可贵的品格——大度和热情。而大度和热情最终是对嫉妒最好的抵抗剂。

此外,父母把握孩子的嫉妒心,更要把握好自己可能流露

的嫉妒心，当邻居搬了新居、当同事得到晋级等，我们也会情不自禁地产生嫉妒，这时，避免在孩子面前流露出自卑或对他人的讽刺、攻击是至关重要的。

第五，帮助孩子建立自信，化嫉妒为进取。父母一定要用适当的方法让孩子把嫉妒变成自己奋斗的动力，这对孩子获得友谊和良好性格的形成都是至关重要的。

父母不妨和你的孩子制定计划，一方面虚心学习，和被嫉妒的孩子探讨学习方式，争取赶上对方；另一方面扬长避短，发扬自己的长处，比如孩子数学基础扎实，家长就要让他继续努力创造出让人羡慕的成绩。

一个从小对人怨恨、嫉妒的孩子是不可能真心待人，更不可能拥有善解人意的性格，他只会把自己的缺陷归咎于人，而不是努力地改进自己的不足。而父母是孩子人生航行上的导航人，让孩子拥有好性格，才是给了孩子积极成长的资本！

引导孩子掌握与人交往的几大原则

有人说，人类的友谊其实在婴幼儿时代就存在了，当孩子开始用自己的零食与伙伴交换时，就开始建立关系了。我们教育孩子，也是希望孩子能与人和谐相处，能成为受欢迎的人，所以，培养孩子的情商，现在越来越被人们所重视，人际交往能力在当今社会中更是起着重要的作用。

孩子有没有社会交往能力，是他以后生存的重要方面，社会交往能力强者更容易走向成功。随着社会的进步，现在孩子的成长环境越来越优越，生活内容也非常丰富，这使孩子有了更多在外表现的可能，可是怎样使孩子更加顺利地融入到新的团体之中，让孩子学习好，能力强，同时，人缘也好呢？在这方面，家长应该怎样给孩子提供帮助或者怎样有意识地去锻炼孩子呢？该怎么培养孩子的社会交往能力呢？家长要及早帮助孩子学会如何与人和谐相处，学会以下四"不"，先在同龄人中建立良好的人际关系。

1.不"独"

物质上有好东西大家一起吃、一起看、一起玩，精神上哪怕是妈妈讲的一个故事，都可以鼓励孩子讲给别人听，也鼓励别人讲给自己听。从一点一滴入手，培养孩子乐于与人分享的意识和习惯。

2.不"横"

宽容是打开广阔天地的钥匙。要教会孩子学会宽容，对人对事保持平和的心态。每当他和人发生不愉快时，不应一味地呵护孩子，要让孩子首先反省自己，看看自己有没有错，同时要多体谅别人，站在对方的立场上想一想。告诉孩子与人相处，不能斤斤计较。如果别人犯了错误，要善于原谅。当然，真正要想让孩子具有宽容的心胸，父母在生活中要以身作则，

身教的力量远远大于言传。

3. 不"讥"

讥讽嘲笑是人际关系中的一把利刃，不光自己不要使用它，还要善于化解别人的讥讽。有些孩子一遭到别人的讥讽，要么是反唇相讥，要么嫉恨在心。这样的孩子肯定是不会有良好的人际关系的。相反，若能乐观看待学习生活中一些不如意的事情，能以宽容的心态对待别人的嘲笑，最终会赢得更多的朋友。

4. 不违背原则

坚持原则的有力武器是敢于拒绝。对成年人来说，拒绝别人都是很困难的事情，何况孩子。但是，有些事情却是必须要说"不"的，身为父母，应该早早教会孩子怎样拒绝。当孩子面临友谊"受挫"或与人相处困难时，如果家长也表现出特别的关心或焦虑的态度，孩子不愉快的感觉反而会增加。父母应该与孩子谈谈如何改变现状，例如寻找新的突破口，或者告诉孩子有关自己青少年时期的经验，让孩子知道每一个人都会经历这些挫折。

除了以上四点原则外，我们还要引导孩子掌握一些好的交往品质，比如：

1. 自信

自信是人际交往中重要的一个品质，因为只有自信，才会将自己成功的推销给别人认识，无数事实证明，这类人更能赢得他人的欢迎。自信的人总是不卑不亢、落落大方、谈吐从容，而决非孤芳自赏、盲目清高。他们对自己的不足有所认识，并善于听从别人的劝告与帮助，勇于改正自己的错误。培养自信要善于"解剖自己"，发扬优点，改正缺点，在社会实践中磨炼、摔打自己，使自己尽快成熟起来。

2.真诚

"浇树浇根，交友交心"。想要交到真正的知心朋友，就要学会真诚待人，真诚的心能使交往双方心心相印，彼此肝胆相照，真诚的人能使交往者的友谊地久天长。

3.信任

在人际交往中，信任就是要相信他人的真诚，从积极的角度去理解他人的动机和言行，而不是胡乱猜疑，在心里设防护墙，因为信任是相互的，尝试信任别人，你也会获得信任。美国哲学家和诗人爱默生说过：你信任人，人才对你重视。以伟大的风度待人，人才会表现出伟大的风度。

4.自制

与人相处，经常可能会因意见不同、误会等原因难免发生摩擦冲突，而面对摩擦，学会克制自己的情绪，就能有效地避免争论，取得"化干戈为玉帛"的效果。我们要告诉孩子，要想克制自己，就要学会以大局为重，即使是在自己的自尊与利益受到损害时也是如此。但克制并不是无条件的，应有理、有利、有节，如果是为一时苟安，忍气吞声地任凭他人无端攻

击、指责，则是怯懦的表现，而不是正确的交往态度。

5.热情

在人际交往中，热情的人总是不缺朋友，因为别人能始终感受到她给的温暖。热情能促进人的相互理解，能融化冷漠的心灵。因此，待人热情是沟通人的情感，促进人际交往的重要心理品质。

的确，任何孩子都希望自己可以拥有落落大方的交往形象，让同学喜欢自己，其实，作为父母，我们要告诉孩子，只要你拥有良好的交往品质，学习如何与人交往，就能受到同学的欢迎了。

第05章

3岁孩子已经能独立——培养孩子自理好习惯

孩子在自立的过程中,会感到痛苦、恐惧和焦虑不安,甚至愤怒和烦躁,易激惹,以及攻击行为等。那么,怎样可以使孩子在情感上接受分离,变得独立,就成了许多家长困惑和关注的问题。其实,让孩子自立,要尽早开始,3岁是最好的年龄。因为,此时孩子即将从家庭到幼儿园,且具备了一定的自理能力,我们可以从日常小事开始,比如让孩子自己睡觉、自己整理房间、告诉孩子"自己的事情自己做"等,长此以往,孩子就能变得独立,就能早日担当一份责任!

给孩子独立和空间，要从分床睡开始

可怜天下父母心，作为父母，我们都爱孩子，都希望把最好的给孩子，但是有时候太过宠溺却不是好事情。我们都要训练孩子的自理和自立能力，要给孩子独立和空间，而第一步我们要做的就是让孩子学会和父母分床睡。专家表示，父母和孩子分床睡，是一次"断奶"的过程，甚至要比断奶还难，因为这次断奶更多的是心灵上的"断奶"。

尽管过程艰难且令人揪心，但父母们还是要学会培养孩子独立睡眠的习惯。

然而，一些父母产生困惑，"孩子多大应该和父母分床睡？"

在回答这一问题之前，我们先来看看孩子不和父母分床睡的不利影响。

第一，影响夫妻关系。长期夫妻没有私人空间，影响感情。

第二，不利于孩子健康心理的成长。3岁以下的孩子，跟父母同睡，带给他们更多的可能是安全、温暖。而对于一个3岁以上且已经上幼儿园的孩子来说，如果还不适应自己睡觉，很可能造成孩子以后的性早熟或者给他们带来错误的性观念。

第三，孩子的独立性会比较差。孩子会比较依赖父母，觉得一定要有父母在才能把事情做好，很不利于孩子坚强性格的培养。

那么究竟在孩子几岁分床是最适合的年纪呢？

其实，这个并没有具体的时间限定。一般认为，只要能够在3~10岁完成分床就行了。也就是说，宝宝3岁后就可以尝试分床，至于尝试多久能成功，也得看宝宝的适应能力。因为，有的宝宝3岁就能完全自己睡了，有的可能要拖到8、9岁，这都是正常的。所以说，不要强迫宝宝，多做点准备功夫，多沟通，给宝宝一个适应过程，没必要为了分床睡弄得宝宝哭天抢地的。而其实分床睡没有那么难。

家长如何帮助孩子顺利分床睡？

1.提前做好心理辅导

一般来说，我们从孩子3岁左右就可以让孩子自己睡了，但这一时期的孩子依赖性还比较强，所以这里需要家长朋友，做

好心理开导，让孩子学会独立，愿意接受这件事。

2.与孩子一起创建温馨的睡眠环境

准备一个比较温馨的环境。要让孩子学会分床睡，最好给孩子营造一个比较温馨的环境，不说多奢侈，但要温馨。

我们可以在房间挂上家庭合照，摆放孩子喜欢的玩具。另外，我们还可以和孩子一起布置他的小房间或者小床铺，父母要尽可能地满足孩子对房间的愿望。这样，孩子会感到他长大了，有了自己的一片小天地，自己可以说了算了。这首先是从心理上满足了孩子独立的需要，同时又为孩子创造了单独睡眠的环境。

3.可以先从分被子做起

如果孩子实在不愿意分床，可以先从分被子开始习惯，让孩子自己睡一条被子，再慢慢进行开导，让他接受分床睡的事，这样也可以随时关注一下孩子情况，时间长一点就会习惯一个人睡的。

4.鼓励孩子

适当地鼓励一下孩子，让孩子懂得独立的重要性，适当的一些奖励机制也是要的，多夸夸孩子，让他们勇敢、胆大等。

5.陪伴孩子

分床后家长陪孩子一段时间，让孩子适应一个人睡，家长可以刚开始陪孩子睡，等孩子睡着了然后离开，但是一定要提高警惕，防止孩子夜间醒来后哭闹，慢慢地适应一段时间就可以让孩子单独睡了。

6.让孩子保持放松心情入睡

父母与孩子分床睡时,要给孩子创造好心情,尤其在晚上入睡前,可以给孩子讲讲笑话或故事,让他心情放松,也可以和孩子一起听听轻柔舒缓的音乐,但不要讲鬼怪故事或者听节奏过快的音乐。

7.为孩子找个陪伴的替代物

如果孩子无法适应分床睡,可以先给他找一个替代物,比如,妈妈睡觉的枕头,或者平时孩子喜欢的布娃娃等,这样,孩子有了依恋的对象,就能慢慢适应了。

不过,时间久了以后,还是要撤掉这些替代物,但切不可操之过急。

8.打开房门,保持空间交流

孩子开始独睡时,打开他房间的门,父母也打开自己房间的门,让两个小空间连接起来。这样,孩子会感到还是和父母在一个房间里睡觉,只不过不是在一张床上。

9.选择合适的季节

一般我们在给孩子选择分床睡的时候最好是在春秋季节,这时候气温不冷不热,适合分床,冬天太冷,孩子容易蹬被子,夏天太热,孩子吹风扇不容易控制好,所以为了孩子的健康,尽量选择好时间阶段。

总之,让孩子独立睡眠有很多好处,既给孩子独立的机

会，又有益孩子身体健康，还能增加夫妻感情交流的机会。

孩子一吃饭就闹，如何是好

到吃饭时间了，妈妈做好了饭，准备喊3岁的儿子吃饭，可是叫了几遍，儿子都没反应，还是在玩玩具，妈妈生气了，她一天忙里忙外，要工作，还要照顾孩子。她一气之下夺走了儿子手上的玩具，儿子也不高兴了，居然跟妈妈抢起来。妈妈这下可火了，生气地把孩子说了一顿。可是，说完之后，看着躲在墙角哭得惨兮兮的儿子，心又软了，她开始后怕，自己这样批评孩子，会不会给他留下心理阴影？

的确，生活中，很多父母陷入了这样的困惑中：孩子一到吃饭时间就闹，要么不吃，要么边吃边玩，要么非要你喂，不管教，孩子改不了，话说重了，又怕孩子接受不了……的确，孩子不好好吃饭是很多父母操心的问题，一些父母为了能让孩子好好吃饭，经常给孩子喂饭，其实这样做不但扼杀了孩子的自理萌芽，还会让孩子越来越任性。那么，孩子吃饭问题到底要如何解决呢，对此，我们要具体问题具体分析：

第一，边吃边玩。

孩子有这样的饮食坏习惯，在很大程度上是因为父母没有科学地喂养孩子，比如孩子早已吃饱了，父母却要求孩子一定要把定量完成或再添饭；还有的父母过分迁就孩子，孩子想怎么样就怎样；有的父母没有为孩子建立有节奏的生活习惯，孩子玩得正在兴头上的时候硬拉着孩子去吃饭；更有的家庭没有对孩子进行良好的餐桌礼仪教育等。

面对这样的情况，我们要做到：

（1）孩子到3岁左右，就引导他乖乖地坐着吃饭，不可边吃边玩。

（2）孩子吃饱了，就不要再硬塞给他吃。

家庭成员都共同遵守餐桌规矩，例如大家关注谁还没坐到餐桌边，让孩子感受到不光是在用餐，还能愉快地享受用餐时光，围着餐桌边吃边交流情感。进餐时尽可能排除引发孩子玩的因素，并尽可能将看电视与吃饭时间错开。这也需要父母能以身作则。

第二，挑食。

孩子挑食从某种程度上说是孩子"自我意识"萌芽的表现，在3岁幼儿园小班孩子身上表现得尤为明显。此时的孩子希望自己做决定，因此，对于此类问题，我们要看到其背后的积极意义。

如果孩子因身体原因（如不适或胃口不好），偶尔对某种食物有反感或不良的体验，有可能会造成对某种食物的拒绝。成人如果在孩子饮食上过度迁就也会养成孩子的挑食。孩子的饮食习惯很大程度上是沿袭家庭的饮食习惯，所以当孩子挑食的时候，父母要想想自己是否挑食？

应对措施：

（1）让孩子有选择的自由，他们与大人一样对食物有好恶之分。可以允许孩子有一定的选择权。如何让孩子选择呢？在此提供几个小绝招：

营造温馨用餐气氛，共同布置餐桌，让孩子选择安排餐具、座位。进餐时有轻松的交流。

对某一食物挑食，母亲可以采用一些建议的口吻或说话技巧（如：先吃什么后吃什么，吃三口或两口，可以和某种菜混在一起吃），但是允许选择决不是迎合孩子的挑食。有些父母常常事先征求孩子的意见，问他想吃什么好菜，这无疑是教他学会挑食。一般是在孩子自己提出不愿吃的时候，允许他们选择。

（2）时常启发孩子对食物的兴趣。可以用小故事启发孩子，例：某某就是吃了什么，才长得高，成了冠军；某某动画明星，很喜欢吃鸡蛋才有本事。或者父母用赞赏的表情诱发孩子食欲。

（3）细心的母亲在食物设计和烹饪技巧上要尽可能有变化。当孩子不喜欢某种食物时要分析烹饪中是否有问题。例如，不要一连几天重复同一种食物，食物一定要有变化，可以将孩子喜欢的食物和不喜欢的食物搭配起来。

（4）因人而异、因势利导、及时鼓励。在孩子食欲好的时候纠正挑食。

第三，吃饭拖拉、慢吞吞。

一些孩子吃饭总是慢吞吞的，有可能是孩子性格如此，还有可能是孩子容易注意力分散，所以没有食欲。

对于后者，我们要着力培养孩子平时的注意力，另外，要注意烹饪的食物受孩子喜欢，易于孩子咀嚼。

第四，吃得少。

对于这种情况，可能是运动量不足，消耗少，缺乏饥饿感，也有可能是吃了太多零食。

对于这一情况，我们要做到：

首先，要让孩子决定自己的饭量，不要给孩子定硬性标准，其次，要限制零食，一是数量上，二是时间上（如进餐前一小时不吃零食）。另外，每天必须给孩子一定的运动量（促进血液循环，有助于消化）。

还有一点需要注意，要想让孩子好好吃饭，我们要尽量保持进餐时轻松愉快的气氛，这是增进孩子食欲的基本条件。孩子拒绝进食，绝对不能强逼他，你不妨就赶快收拾饭桌，让他好好饿一顿。饿肚子的感觉就是最好的"惩罚"。这比唠唠叨叨数落而后没有效果要强得多，如果不起作用，则要进行原因分析，参照以上的几种进餐状况研究特定的解决方法。

饭前便后要洗手，病菌不入口

饭前洗手是一个好习惯。吃饭之前要洗手，这是一个重要的卫生习惯，也是孩子在幼儿园，老师经常提醒的，俗话说："饭前要洗手，病菌不入口"。

孩子除睡眠时间外，两只小手一刻也不想闲着，尤其是到了幼儿园的孩子，他们不但在学校做游戏，还和小朋友一起玩，经常看见什么都想摸一摸，拿一拿。有的孩子还喜欢在地上玩土，这样手上就沾染了很多病菌、病毒和寄生虫卵。如果吃食物前不洗手，拿起来就吃，手上的病菌就容易随同食物一起被吃入腹内。

一些父母可能会说，我的孩子抵抗力很强，不洗手也没生病。的确，若孩子平时身体抵抗力强，病菌也闹不起来。但当孩子着凉、或玩得过度疲劳时，身体的抵抗力降低了，体内潜伏着的病菌或新吃入的病菌就会活跃起来而使孩子发病。因此，一定要做到饭前（或吃食物前）先给孩子洗手，从小培养孩子饭前洗手的好习惯。

人的两只手时刻都在活动。尤其是幼小的孩子，特别喜欢四处摸碰，玩泥土，手上容易沾上各种细菌。如果吃饭前不用肥皂将手洗干净，便很容易使细菌随食物吞咽到肚子里而生病。因此，饭前必须用肥皂洗手。

大小便后要洗手，也是预防疾病的重要措施之一。因为，很多病菌是通过粪便传播的，尤其是肠道传染病，如痢疾、肠胃炎、肝炎，还有蛔虫、蛲虫病等。如果大便后不用肥皂洗手就去拿玩具，会把病菌转移到玩具上，再边玩边吃东西，或接着去吃饭，就易传染上疾病，不但形成自身的反复感染，还会传染给其他人，使病情蔓延开来。因此，幼儿大小便后一定要用肥皂将手洗干净。

那么，我们该如何引导孩子，让孩子养成饭前便后洗手的好习惯呢？

1.父母以身作则，为孩子树立讲卫生的好习惯

孩子的卫生习惯都是从小形成的，与家长的态度和家庭习惯有很大关系，只要我们自己不偷懒，自觉起到榜样作用，孩子一定能潜移默化地形成良好习惯。

2.逐渐引导孩子认识洗手的必要性

告诉孩子洗手的道理：手接触外界难免带有细菌，这些细菌是看不见、摸不着的，人如果不将双手洗干净，手上的细菌就会随着食物进入肚子，就会因为吃进不洁的东西而生病。有条件的家长，可以带孩子通过显微镜观察，认识人手上的细菌，帮助孩子了解洗手的重要性。如果家长能详细地给孩子解释，相信他们能明白洗手的必要性，从而慢慢养成良好的习惯。

3.耐心提醒

耐心提醒孩子勤洗手。有的孩子贪玩、性子急，不是忘记洗手就是不认真洗，家长应经常耐心地提醒孩子洗手，不要

因孩子不愿意洗手而采取迁就的态度,因为如果父母不时刻提醒,孩子就会以为这件事不重要,渐渐忘记要去做了。

4.日常督促

大人平常要做到饭前便后洗手,外出回家后洗手,要言传身教效果才会好。对于孩子呢,我们在孩子吃饭前、玩玩具后、便后,都要督促他的洗手动作。

5.教给孩子正确的洗手方法

家长应教给孩子正确的洗手方法:先用水冲洗手部,将手腕、手掌和手指充分浸湿后,用洗手液(或香皂)均匀涂抹,让手掌、手背、手指、指缝等处都沾满丰富的泡沫,然后再反复搓揉双手及腕部,最后用流动的水冲干净。孩子洗手的时间不应少于30秒。

6.强化这一生活习惯

生病是幼儿时期常见的事情,这个时候家长要向孩子讲解一些疾病的知识,比如说疾病是由手上的细菌引起的等,强化记忆。

7.用儿歌或游戏等方式教孩子养成洗手的好习惯

家长可以通过讲故事的方式告诉孩子为什么要洗手,以及不洗手、不讲卫生会有什么后果;教会孩子《洗手歌》:"掌心对着掌心搓,手掌手背用力搓,手指交错来回搓,握成拳头交替搓,拇指握住较劲搓,指尖放在掌心搓。"家长和孩子一起边洗边唱,让孩子学会正确的洗手方法;告诉孩子什么时候要洗手,如吃饭前要洗手、小手弄脏了要洗手、上好厕所要洗手等。

爸爸妈妈还可以和孩子比赛"看谁小手洗得最干净""看谁是最讲卫生的人"等,以游戏的方式引导孩子自觉洗手,奖励孩子正确的行为。在孩子不需要大人提醒而饭前便后洗手时,家长应及时表扬,强化他们正确的行为。久而久之,饭前便后洗手也会成为孩子生活习惯的一部分。

让孩子学会自己收拾房间

生活中,我们经常看到有些家长唠叨自己的孩子没有自理能力,什么东西都乱放,到用时却找不到。其实,这些都是因为平时家长帮助孩子做的太多了,在孩子还小的时候就应该培养他们收拾整理的好习惯。要知道,孩子拥有好的自理能力会让其受益一生。另外,在收拾和整理的过程中,也能训练孩子的手脑并用能力,培养他们统筹规划的能力。然而,我们看到的现实情况是,家长为孩子包办一切的习惯并没有得到纠正,因此,孩子连生活中最基本的的收拾能力都没有。这些家长是这样做的:

(1)马上就要上学了,可是孩子还没吃好饭,算了,赶紧喂他吃吧。

(2)孩子房间乱七八糟,实在看不过去了,就替他收拾了。

（3）早上快要迟到了，孩子书包还没整理，受不了了，赶快帮他收拾。

（4）本来孩子说要学习洗袜子，但是怕他洗不干净，大了再说吧，还是我帮他洗。

（5）做完手工后，桌子上脏乱不堪，可睡觉的时间又到了，算了，我来收拾吧。

（6）要去露营了，孩子怎么知道如何收拾行李呢，我自己代劳吧。

这些现象在生活中随处可见，家长承包了孩子所有需要整理和收拾的任务，可家长似乎没有注意到，这样会导致孩子缺乏自立能力，将来在面对、解决困难时，都会表现出其缺乏自信和独立性的一面，更别说独当一面了。从另外一个方面说，这会让孩子认为家长的付出都是理所应当的，更不会善待父母和家人了。

下面，我们来看看孩子不懂整理的坏处：

1.孩子缺乏自理能力

孩子不懂得整理，事实上，是因为孩子缺乏自理能力，爸爸妈妈应该从孩子有行为能力后就教导他做一些力所能及的小事，让孩子明白自己的事情要自己做，别人遇到困难了可以及时给予帮助。

2.孩子喜欢依赖他人

不得不说，现在的孩子大多都是独生子女，他们生活在优越的环境里，备受长辈的呵护和关爱，他们在家里的一切都由父母包办代替，是家中的小太阳。他们的一切生活琐事都无需自己动手，潜移默化地养成了依赖别人的习惯。

的确，孩子不懂得整理，总是会让别人帮忙，慢慢地就会让孩子觉得家务事并不是自己的责任，自己不想做的时候别人来帮助自己是正常的。这样就会导致孩子从小就不会自己独立去完成任务。

3.孩子养成懒惰心理

孩子不懂得整理，慢慢地会变得越来越懒惰，小时候自己的事情不肯自己做，长大以后很多事情也会懒得去做。这就是孩子的惰性在作怪。

4.孩子做事效率不佳

孩子不懂得整理，会降低孩子做事情的效率，小事做不好，在工作学习上遇到事情就更加解决不好。因此，要想以后孩子有所作为，在孩子小的时候就要开始培养他的整理能力。

因此，家长必须重视，要从小引导孩子自己收拾整理。

在孩子有了一定的动手能力后，教会他主动去收拾整理，不仅可以帮助他发展能力，还能让爸爸妈妈的劳累程度大大减小。大家要注意的是，你的宝宝自己学会收拾，不是一蹴而就的。

其实，想要让孩子学会整理并不难，只要爸爸妈妈做到以下几点，孩子就能够简单地学会整理。有几点建议：

1.告诉孩子干净的房间的好处

可以给孩子讲讲,干净、整洁的环境能让他们很快地找到他们的东西,比如当他们需要衣服时能在第一时间找到,并且衣服放在衣柜里会让他们的房间看起来更整洁,他们的玩具小伙伴也会生活得更舒适。这样,孩子们就会越来越喜欢整理自己的房间。

2.让孩子去感受一下房间脏乱带来的后果

比如,孩子把脏衣服随手扔在地上而不是扔在篓子里,那么他们就没有洗干净的衣服可以穿;如果孩子不爱惜、收好自己的玩具,那么玩具可能被损坏或丢失。这是教孩子注意保持房间卫生很好的办法,甚至都不需要家长去惩罚,孩子就会乖乖整理好。

3.创造一个能使孩子乐于整理、能够整理的环境

比如说,专门给孩子安排一个角落,用来放置去幼儿园用的衣服和物品,并标上新鲜有趣的记号。在孩子出入方便的地方,准备一个固定的放衣服、鞋、袜的地方。准备一个大的箱子,用来放玩具,准备一个低层书架或抽屉,用来放书。

4.当孩子的房间非常整洁时,家长要不吝惜地给予赞扬

父母可以夸孩子,说房间收拾得真好真干净,衣服叠得也非常好,这样孩子就会保持爱整洁的习惯。不过,奖励也不能太多,这会使孩子产生整理房间就有奖励的想法,那么若没有奖励,孩子可能就不会主动整理房间。过度称赞孩子的勤快,

可能会使他们认为他们本不应该打扫房间。

的确，爱玩是孩子的天性，像整理房间这样的事情，他们觉得没有乐趣才不去做。其实整理房间并不是一件非常困难的事情，家长可以通过一些"小伎俩"来提高孩子们整理房间的兴趣，给他们创造动机。

培养孩子的自立能力，首先要给孩子"独行"的机会

人是社会的人，每个人都要逃离父母的怀抱，去经历社会的洗礼，可以说，父母放手得越早，孩子独立得就越快。而3岁的孩子手部精细动作获得发展，已经有了一定的动手能力，此时可以让他们做一些力所能及的事。诚然，保护孩子是父母应尽的职责，而父母更应该给孩子"放行"，让孩子直面困难，处理发生在自己身上的生活事件，这样，孩子才能由自立变为自强，才会自觉主动。

现实生活中，很多家长有这样的心理：

（1）"我经常不允许孩子做一些同龄人可以做的事情，因为害怕他会出事。"

（2）"我有些过分担心孩子的健康。"

（3）"如果孩子的游戏我不能够接受，我会说：'这个要求，我不能满足你。'"

（4）"当孩子还没有按照我的期望去做的时候，孩子会感到不安。"

（5）"别人说，我对孩子的关心有时候是过分夸大的。"

（6）"我喜欢孩子按照我的吩咐去做事。"

（7）"我在过马路、在外面吃饭的时候，常常会想起孩子。"

（8）"孩子常常向我抱怨，其他孩子是如何自由，他们的父母是如何宽容。"

（9）"我无法接受孩子从小要吃苦的观点，那是没有实际

经验的理论。"

（10）"孩子就应该是孩子，我不会让他出现在和他年龄不符的场合。"

现在，一个家庭只有一个孩子，许多家长"望子成龙""望女成凤"心切，肯于对孩子进行智力投资。然而他们往往容易忽视最不起眼的、也是最重要的一点，就是培养孩子的自立能力。一些家长过分溺爱孩子，即使是孩子力所能及的事情，也总是越俎代庖，很少让孩子自己去做。可以断言，在这样的环境中长大的孩子一定是弱者。这样的父母看似爱孩子，实则害孩子，只能导致孩子做什么事情都离不开父母，让父母帮他做抉择，又怎么能有自己的主见，能够独立处理一些事情呢？在父母强势的包办下成长的孩子缺乏自立意识！

孩子在幼年时能够亲自处理自己身边的各种事情，称为自立。自立意识是儿童逐步走上成人之路、适应现代社会环境所必须具备的品质。孩子不可能永远是孩子，他们将来必定要走向社会。而未来的生活道路也不可能总是一帆风顺，没有坎坷。一个自立能力强的孩子，在他未来的生活道路上，往往敢于搏击生活，主宰自己的命运；相反，缺乏自立能力的孩子，则常常表现出没主见，胆怯怕事，依赖性十足，意志薄弱，经不起一点小小的挫折。可见，从小注意培养孩子的自立能力是十分重要的。

培养孩子的自立能力，就要给孩子"放行"，给孩子一个

"独行"的机会，专家建议：

1.要给孩子提供独立活动的机会、场所和环境

让孩子独立活动，用自己的能力去做力所能及的事。家长适时给予指导和鼓励，从而提高孩子的自信心，增强孩子的独立性，使其主动地去发展自己的能力。

"我的儿子3岁那年，干什么事还都离不开父母，后来，我有意地把一间小屋交给孩子安排。经过一段时间的训练，他不仅敢一人睡一间屋，而且还学会了铺床、叠被、整理房间，从依附向独立迈出了可喜的一步。他经常领小朋友到他的"领地"来做各种游戏。那神情、那口吻俨然是一位"小老师"，表现出一定的组织能力和表达能力。"

事实告诉家长们，为孩子创造独立活动的环境，能使孩子的独立性得到迅速的发展。

2.要给孩子自己作出决定或承担责任的机会，提高孩子的"参与"能力

当今，我们国家已向世界敞开了大门，我们的孩子面临的是信息激增、竞争激烈的时代。因而，家长要给孩子提供一定的机会，让孩子在实践中增强"参与"能力，培养孩子思维敏捷、善于独立思考和应变的心理素质。

比如，有客人来访，可让孩子去拿些糖果、糕点招待客人，鼓励孩子与客人交谈、提问、请教，带客人的孩子去玩耍，这样可以提高孩子的社交能力。又如，在讨论家庭计划或

节假日安排时，也让孩子发表自己的见解。当孩子讲得有道理时，做父母的不妨从旁叫一声好。这声"好"的作用很大，可以帮助孩子树立自信心，解除孩子心理或身体上的拘束以及口头表达能力上的障碍。同时，对孩子正确的意见予以采纳，保护孩子的积极主动性，促使其独立思考能力进一步发展。

3.要扩大孩子的生活范围，让他们养成独立观察和认识事物的习惯

有些家长总对孩子不放心，对孩子的活动范围过多地加以限制，结果抑制了孩子主动性的发展，致使孩子习惯于一切坐等父母安排，生活自理能力差，遇到新环境、新情况就不知所措。

所以，让孩子经常参加一些活动，有助于他们在心理上摆脱对父母的依附，同时可以开阔孩子的视野，增长孩子的见识，培养孩子的责任感、事业心、钻研精神和独立能力等。如节假日带孩子去野外踏青郊游的时候，你可以让孩子留心大自然的景象及其变化，让孩子运用他自己学到的语文、数学知识来解释周围的现象，并不断提出"为什么"，家长适时给予点拨。

家长可以任孩子去跑、去玩、去交往，让孩子仔细观察人们的社会生活，人们是如何进行劳动创造的，从而激发孩子的劳动热情和创造欲望，使孩子的想象力自由驰骋，逐渐成长为一个大有作为的人。

总之，给孩子放行，给孩子独行的机会，有助于教会孩子自立的本领，比给孩子留下别的财富更为宝贵！

别用成人的标准来约束孩子

生活中的不少父母可能认为自己的孩子到了3岁以后很调皮，总是给你惹麻烦。有时他还很固执，不听你的话，因此，他们认为有必要为孩子立规矩，以此来约束孩子。而其实，这只是孩子的调皮行为，而并不是犯错，对此，我们家长一定要谨记，不要以成年人的标准来约束孩子。

作为父母，我们一定要从孩子的角度思考问题，要理解孩子。有位母亲产生了这样的疑问："当我女儿在桌上不断地用手指比划着想象在练琴时，如果我们真的向她提供一架钢琴，这到底是件好事还是件坏事？假如我们这样做了，孩子的想象力就得不到应有的锻炼了……"

这个母亲的担心的确有一定道理，然而还是应该为女孩提供真正的钢琴。因为孩子的这一想象中的需求如果得不到满足，她的想象力一样受到限制，就会在这一点上停留过久。如果她拥有了梦寐以求的东西，就会得到及时的训练，提高自己的能力，甚至想象自己已经成了一名伟大的音乐家。很多音乐家就是这样成长的。永远不要担心孩子的想象力会穷尽，因为一个想象的满足，会激发更新更高的想象。

对于孩子调皮好动的行为，父母可以这样引导：

1.理解孩子的行为

很多孩子调皮捣蛋，父母带他出去玩，他总是喜欢做一些危险动作，比如登高、从高处往下跳。父母因为担心他的安全而制止他的行为。

在中国传统的教育理念中，认为孩子好静更好，因此父母总是约束孩子的一些行为。但其实，孩子是需要自由空间的，需要有广阔的天地来让他们成长。因此，对于孩子那些活泼好动的行为，我们不必强加干涉，只需要保护他的安全，要知道，孩子在奔跑、跳跃、攀爬这些活动中，更易获得健康的身体，也更易活跃大脑。

2.不要让孩子盲目听话

童话大王郑渊洁说他从来没有对自己的孩子高声说过一句话，也从来没有说过"你要听话"。"因为我觉得把孩子往听话了培养那不是培养奴才吗？"因此，对于孩子的不听话原因，你不妨告诉孩子："爸妈并不是要你盲目地听我们所说的每一句话，什么都听话的孩子就是庸才。"这样说，会很容易让孩子感受到父母对自己的理解。

3.鼓励你的孩子有自己的思维方式

我们的孩子有着自己独特的思维，作为家长的我们，如果用成人的思维方式对他们粗暴地干涉，就会扼杀他们的想象力和创造力。因此，当孩子有了自己的想法时，应保护孩子的想象力，激发孩子的创造力。

4.给孩子一个行为标准

这个行为标准的制定的前提是孩子已经和父母站在统一战

线,也就是孩子认可父母的话有时候是正确的。

此时,你应该告诉孩子一个原则,一个标准。在这个标准下,他知道什么东西去执行,什么东西坚决反对。家长的管教要掌握好度,不是不管他们,而是懂得怎样合理地管。

因此,综合来看,对于孩子不听话这一问题,我们一定要辩证地看,我们不需要培养那种盲目听话的"乖孩子",因为"乖孩子"主动思考能力差,真正成为社会精英、业界尖子的不多,他们大多在一般劳动岗位上工作。然而,并不是说"不听话"的孩子就一定聪明,一定出尖子。孩子的"听话"应更多体现在生活规矩、行为道德上,而孩子天性叛逆,有自己的想法,父母应做出正确的引导,让这些想法被用于学习和对待事情。

引导孩子参与一定的家务劳动

我们都知道,家庭是孩子发育成长的最重要场所,是孩子日常生活的出发点和归宿所在。因此培养孩子的自立能力可以从家庭这块阵地入手,让孩子在学习和玩乐之余承担一定的家务劳动,从而让孩子明白生活中不仅仅有享受,还必须负有一定的义务和责任,这有助于孩子早日当家。3岁的孩子可能对于一些有难度或者有强度的家务无法胜任,但却可以做一些力所能及的事。然而，出于这样那样的顾虑，很多父母并没有给孩子做家务的机会。

以下是几个母亲的描述：

一位母亲说："现在孩子的劳动意识真难培养，我儿子衣服脱到哪儿就扔到哪儿，更别说收拾整理了。我们像他这么大的时候都自己洗衣做饭了。"

另外有一位家长说："这种事情其实用不着这么着急，等到孩子大起来自然就会。我小时候也什么都不会做，现在生活的担子压在身上，还不是样样都会做。所以有时间还不如让孩子多玩玩，多看点书，多学点东西。"

恐怕这是很大一部分家长对孩子是否应该做家务的顾虑，但家务劳动是每个孩子应该接受的劳动教育的一部分，是素质教育中一个极其重要的方面，家务劳动是家长帮孩子树立正确的劳动观念和培养劳动习惯的最佳方式，对孩子将来成为国家合格的建设者，培养其高尚的道德意志和品质，发展其聪明才智及动手能力都有重要作用。具体说来，家务劳动对于培养孩子自立的作用在于：

1.参与家务劳动是孩子未来生活的必要准备

有位家长在谈到自己教育儿子的心得时说："出于对自己成长过程的反思，我对儿子从小就比较注重独立能力的培养，要求他自己的事情自己做，按不同年龄承担一定的家务劳动。从幼儿园小班开始我们就要求他洗自己的碗，现在上学了，

我的孩子3岁了

除了完成学习任务,家里扫地与倒垃圾两件事也由他"承包"。当然一开始他也并不总是乐意去做这些事的,这时我们就用适当的奖励方法鼓励他坚持下去,比如做一次就可得到一个五角星,积了一定数目的五角星就可以带他去吃一次汉堡包。这样一来,他能不能得到他所想要的就完全取决于他自己的行为,这种"他律"促使他一天天坚持下去并逐渐过渡到"自律",认为是自己分内的事而自觉地去做,慢慢形成习惯。"

孩子将来立足于社会,就必须要具备独立生活的意识和能力,而从小学习做家务,养成一定的劳动习惯,这是对于他未来生活的非常重要的准备。

2.家务劳动是孩子在学校学不到的生活课程

孩子在家里做一些力所能及的家务是理所当然的,因为家里与学校毕竟是不同的。在家里通过做家务可以培养孩子的自理能力和劳动习惯,这也是一种知识,生活的知识,这些知识是在学校里不能学到,而对一个人的成长来说又是非常重要的。

3.家务劳动让孩子体味劳动的艰辛和欢乐,培养责任感

因为让孩子参与家务劳动真是一种无声的教育良策。

4.劳动习惯的养成有助于提高孩子的学习效率

很多孩子,一到上学的时间,问题就来了:做事拖拉,不会整理书包,这些都影响学习效率。家长不妨从整理物品入手

抓孩子的劳动教育。你可以先带他看乱糟糟的房间，让他考虑该从哪儿收拾起。同时制订一定的规则，比如每天整理书包，每周六收拾房间，换下的衣服放在固定的地方等，并督促他做到。当书包内各种学习用品放置整齐有序，做完作业随即收拾。原来边写作业边找东西的毛病改好了，专心一致学习，效率当然高了。

基于以上这些原因，其实，也有很多家长都认为孩子应该参与家务劳动。但为什么孩子们的客观表现又总是令人不怎么乐观呢？原因有三：

一是在孩子对劳动表现出兴趣，喜欢模仿大人的举动时，家长没有足够重视并给予及时的引导，反而嫌孩子碍手碍脚而削弱了孩子的劳动热情；

二是家长不信任孩子的能力或怕麻烦而在无形中剥夺了孩子的练习机会；

三是孩子小时候没有养成一定的习惯，上学后又以学习为重，在时间上很难保证这种教育的进行和习惯的坚持。因此，家长在引导孩子参加家务劳动时，必须要从小引导，养成习惯。

俗话说，播种行为，收获习惯。所有的习惯都从最初的行为开始，我们对孩子的家务劳动教育也要遵循这个规律。家长可以从以下几个方面着手：

（1）珍惜孩子最初的劳动欲望，放手让孩子去模仿去实践，提供参与练习的机会。

（2）尽可能以游戏方式加以引导，使劳动成为孩子的快乐体验，这对于年龄小的孩子尤其重要。

（3）手把手地教给孩子一些劳动的技能，光要求孩子做而不告诉他怎样做常常是无效的。

（4）合理安排家务劳动的时间，处理好学习、玩与劳动的关系。

对孩子来说，劳动过程就是一种娱乐，一种游戏，如果把纯粹义务性、没有任何兴趣的劳动安排给孩子，反而会引起孩子的反感而不利于劳动情感的培养。家长应该从孩子的兴趣入手进行引导，在劳动过程中融入游戏性，满足他们的童心与好奇，鼓励他们参与劳动，同时提出一定的要求，慢慢养成良好的劳动习惯和能力。

第 05 章
3 岁孩子已经能独立——培养孩子自理好习惯

　　让孩子积极地参与到家庭生活的方方面面，让孩子感觉到他不是家里的客人而是主人，当孩子体会到了他在整个家庭里并不是可有可无的，他确实是被整个家庭所需要的时候，他对家庭的责任感也会油然而生，而更主要的是，这有利于孩子尽快自立！

第06章

3岁孩子塑造好性格——性格对了人生就对了

　　生活中，我们常说，性格决定命运，好性格是孩子获得幸福人生的一种积极推动力，对于孩子来说，他们的性格形成并不是天生的，而是由很多因素决定的，其中重要的一环就是家庭教育，儿童心理学家认为，孩子3岁左右是性格萌芽时期，这个时间段开始锻造孩子的好性格，那么这一时期的影响将贯穿孩子的一生。因此，只要我们父母选择正确的引导和教育方法，就能让你的孩子拥有迷人的性格。

性格不是天生的：影响性格的四大因素

儿童心理学家认为，我们的孩子在童年早期就已经初步形成其性格，可能是内向的，也可能是外向的。性格可以决定命运，性格从小的时候就在孩子的身上发挥着作用，而且自始至终贯穿着整个生命，决定着他们的思维模式和行为模式。

一些父母发出疑问，孩子的性格不是天生的吗？答案是否定的。在婴幼儿时期对孩子进行良好的抚育对一个人形成良好的性格是很重要的。

除此之外，影响孩子性格的因素还有哪些呢？

1.遗传因素

不得不说，有什么样的家长就会有什么样的孩子，从遗传的角度讲，家长的性格在一定程度上也会遗传给孩子们，当然，这并不是主要的影响因素。

2.家庭环境

在家庭环境对孩子的性格影响中，我们都知道，最关键的两点就是家庭气氛与父母的文化程度。良好的家庭氛围，较高的父母文化程度，自然会对孩子们的好性格形成产生积极的影响。不仅如此，家长的教育观念、教育态度与方式，以及儿童在家庭中的地位和角色都会影响到他们的性格形成。

3.学校教育环境

在孩子们最常接触的场所中，学校教育环境也是一个重要的影响因素。孩子在学校中的成绩如何，在一个什么氛围的班级，以及身边都是什么样的孩子，这些都会对孩子的性格形成产生一定的影响。

4.社会因素

这一点相对于其他三点来说影响较小，不过，孩子长期成长于一个不好的社会环境，孩子的性格发展也会受到影响，所以，提供一个良好的社会环境，对于孩子的性格形成也会有益。

正是这些因素造就了孩子的多种性格。诚然，我们每个人的气质自从出生时就可能不尽相同，但后天的培养与训练也至关重要，只要我们父母选择正确的引导和教育方法，就可以让孩子拥有良好的性格。儿童心理学家认为，3岁期间是孩子性格形成的关键时期，如果在这个时间段父母能够注意培养孩子的好性格，那么这些影响将贯穿孩子的一生。

一些父母可能将孩子与别的孩子相比较。如果你的孩子太调皮，你一定会羡慕别人的宝宝乖巧，并且希望自己的孩子也能那样安静和易于管教。但专家说，对不同的孩子有相同的期望是错误的。因为每个孩子都有与生俱来的个性，而每种个性都有着成功的可能，关键在于父母如何发掘和引导孩子的个性。

《圣经》上有这样一句话，是对父母说的：请调整你对孩

① 社会因素
② 遗传因素
③ 学校教育环境
④ 家庭环境

性格

子的养育方式，使他适应孩子天生的发展模式，这样当他逐渐成熟时就不会背离他天生的生命模式。这个天生的生命模式里最主要的，就是指本性难移的那部分性格因素。

尽管孩子各有性格，但父母应该明白，不管哪种类型的孩子，都要顺其本性进行培养。因为每种类型的孩子都有成功的可能，关键看你如何发掘和引导孩子身上的这种特质和潜能。人生的成功是没有固定模式的，你要做的就是引导他用自己的方式做到最成功。

除此之外，我们父母要为儿童营造好的家庭成长环境，因为儿童性格形成是通过孩子在家庭中的地位、家庭成员之间关系和父母采取的养育方法实现的。父母的态度对孩子的性格有相当的影响。父母诚实朴素，则孩子不会说谎话，也不会浪费食物；如果父母的私心很重，孩子也容易形成利己主义；如果孩子经常受到父母的训斥、打骂，容易形成怯懦、抑郁和执拗的性格特点，在行为上变得不诚实、冷酷和残忍；如果父母对孩子溺爱和过分夸奖，容易使孩子形成任性、骄傲、利己的性格特点。

3岁性格塑造关键期，家庭教育至关重要

美国遗传学家摩尔根在给儿子的一封信中这样写道："你应该有这样的志向：世界上没有任何东西可以引诱你去做一个人所不应该做的事，坚决不要为了金钱而放弃你的人格与自尊，去为他人做种种不正当的工作！不管将来从事何种职业，你应该尊重你的人格，保持你的操守。"

无论身处顺境或逆境，好的性格会让孩子坦然面对生活，并不懈努力；而不良性格则会让孩子走弯路，受挫折，甚至一辈子碌碌无为。那么孩子的性格是天生的还是后天形成的呢？又是何时形成的呢？

儿童心理学家认为，人的性格不是一朝一夕形成的，那么，什么时候开始每个人会形成不同的性格呢？

研究人员表示，在人的六七岁时，便可大致预测出其成年后的走向，因为人的人格早在童年早期就已经形成了，最早可

我的孩子3岁了

追溯到3岁，因此，此时塑造他们的性格和气质，是家长的首要任务。而在中国，有这样一句古话："3岁看大，7岁看老。"这句话是有一定根据的。美国一项最新研究显示，人的性格在童年早期就能形成。

对于这一发现，曾有这样一项研究，研究方是美国加利福尼亚大学里弗赛德分校、俄勒冈大学和俄勒冈研究所的研究人员。

被研究者是20世纪60年代夏威夷州大约2400名小学生，他们来自不同种族，研究者收集了他们的老师给他们的打分情况以及一些评价。

40年以后，研究者联系上了其中的144名学生，对他们进行深层次调查，将他们接受调查时的情景录了下来，并从以下几个方面进行分析。

是否健谈，又称语言流利度；适应程度，即能否很好适应新情况；是否易冲动、感情用事；是否有信心，主要看是否自我贬低。

通过对比，研究人员发现：

40年前被老师认为开朗活泼的，人到中年时依然开朗健谈、活泼、语言流利且爱动脑；反之，曾被认为不健谈的学生，人到中年时依然缺乏主见，自卑、不善言辞，遇事容易放弃，人际关系不如意。

40年前被老师认为适应性强的学生，人到中年后仍乐观开朗，善于动脑，讲话流利；适应性强。而打分低的孩子，成年后态度消极，缺少主见，不善于处理人际关系。

40年前被认为易冲动的学生，成年后倾向于大声说话，兴趣广泛，健谈；而不易冲动的孩子，成年后多表现得胆小害羞，不善交际。

40年前被认为自卑、自我贬低的人，在成年后依然容易内疚，表现得消极、缺乏安全感，而自我贬低程度低的孩子，成年后倾向于爱大声说话，善于动脑，表现出优越感。

研究报告的主要作者、加州大学里弗赛德分校博士生克里斯托弗·内夫说，研究结论令人吃惊。"我们仍可辨认同一个人"他说，"这正好说明了了解性格的重要性。因为它可以跨越时间和环境，追随你一生。"

先前研究显示，虽然人的性格可以改变，但这并不容易。内夫说："生活中发生的事件仍对人的行为构成影响，但我们必须承认性格在未来行为中所起的作用。"

从这一调查研究中，我们可以看出，童年早期的烙印对一个人将来的一生都具有持久深远的意义，不论是对童年、青年还是成年都是如此。等一个孩子长成了青年或成人，再要他改变自己的性格的许多方面，那将是非常困难的。虽然在关爱他的人们的努力帮助下，他仍有可能改变自己性格的某些方面，但那需要时间，需要他本人和他周围的环境很有耐心。

因此，童年早期正是人一生中培养人性品质、态度和行为的阶段。在此期间，人要培养积极的情感和态度，建立良好的人际关系，学会分辨好坏，培育良知，懂得善良与公正。

而作为父母，我们要知道，孩子的性格多数是由家庭来建立的，不要错误地以为你的孩子的性格是天生的，还有，也不要错误地认为你的孩子的性格是由学校，老师来培养的。家庭对孩子的性格影响是十分大的，父母如果想要一个性格好的孩子，就得从各个细微处入手。

家庭环境对孩子的性格形成极为重要

不得不承认，我们每个人从呱呱坠地开始，就开始归属于一个家庭，家庭也为我们的性格打上了最初的烙印，这是人出生后最初的教育场所。父母的性格、父母的教育方式、教育观念，孩子在家庭中所处的位置以及所扮演的角色等对一个人性格的最终形成有非常重要的影响。从这个意义上说，家庭是制造性格的工厂。而培养孩子的性格，最早要从3岁就开始，因为3岁是孩子身心全面发展的时期，此时的孩子有了一定的独立思维能力，开始对周围的环境十分敏感，因此，父母需要在这一阶段格外注意给予孩子良好的成长环境。

丹丹原本生活在一个富足的生意人家庭，父亲经营着一家规模相当大的公司，母亲是一位钢琴家。丹丹从小喜欢听母亲弹钢琴，也许这是母亲的遗传基因的影响。但丹丹3岁那年，父亲不幸车祸去世，祸不单行，父亲留下的财产也被生意对手用奸计抢走，流落街头的母女被一个小商贩收养，为了孩子有个家，丹丹的母亲不得不嫁给了这个小商贩，可是因为小商贩的名声很差，生意也很差，没有经济保障，丹丹对钢琴的爱好也化为灰烬。

母亲拼尽全力抚养女儿，她希望能给丹丹最好的教育，还送女儿去学习钢琴。可是继父总会出言讥讽她，说女孩学这些都是白花钱，没有任何意义。但因为母亲一直争取，所以也就勉强允许丹丹去上课。

可是小商贩的牢骚越来越多，他的生意越来越差，生活条件也每况愈下，他也就更多地沉浸酒海之中，每当他外面受委屈，丹丹和母亲就成了他的出气筒。后来为满足自己喝酒的欲望，他断了女儿的抚养费，让年仅10岁的女孩自己出去赚钱，母亲心疼孩子，就拼命在外面做苦工，好让丹丹可以重回课堂。而丹丹却变得越来越忧郁，她不愿意看到母亲受苦，自己也去帮亲戚做活赚点生活费。她受尽亲戚的欺凌和侮辱，再加上实看不惯父亲的做派，丹丹真的希望自己能变成一个男孩，这样就能承担起家庭的重担。而后来丹丹喜欢上打架，为自己的尊严，她选择使用拳头解决问题，她忘记了自己女孩的身份。有一次，丹丹酒后牢骚时，压抑许久的她拍着桌子大骂起父亲来,她的这一举动让她的父母目瞪口呆……

实在无法想象,一个有着艺术细胞的女孩怎么会有如此过激的行为,她的生命蓝图已经脱离原来的轨道,而这一切发生的原因,可以归结为她的生存环境,假如丹丹还是当初那个不必为生活担忧的少女,或许她已经在艺术的道路上有所成就了。所以说,给孩子一个良好的成长环境是让孩子健康成长的关键。

瑞典教育家爱伦·凯指出:环境对人的成长非常重要,良好的环境是孩子形成正确思想和优秀人格的基础。这个故事也充分说明了家庭环境对人的性格形成影响之大。

生活中,我们每个人都像一只小船,而只有家庭,才是我们的港湾,它能给我们带来安全感。每一个孩子都需要一个温馨、和谐的家。只有在这样的家庭环境下,孩子才会感觉到轻松、安全、心情舒畅、情绪稳定,也只有良好的家庭环境才有利于孩子形成良好性格。因此,从这一点看,家庭中的父母长辈,也都应该以快乐的情绪生活,并为孩子建立一个温馨和睦的家庭氛围。

为此,我们父母需要给孩子提供一个舒适的生长环境。父母们要记住:孩子的优秀品行不是从天上掉下来的,而是适应环境条件培养出来的。在孩子出生之后,父母就要尽可能地为他营造一个安静祥和的成长环境,从小使他对生活充满无限的积极幻想，这样，他们在长大成人之后，才能更有品位地生活。

曾经有专家对一批婴幼儿进行跟踪调查，调查表明，那些生长于和谐、温馨的家庭氛围中的儿童，有这样一些优点：活泼开朗、大方、勤奋好学、求知欲强、智力发展水平高、有开拓进取精神；思想活跃、合作友善、富于同情心。

而另外有一项调查，少管所中，不少孩子是由于父母不和，家中经常吵架，甚至父母离异，或全然无视子女的教育，在身心健康方面受到了不利的影响，最终走上邪路。

那些幸福、温馨的家庭中，成员之间是互相信任的，在这样的环境中成长，孩子终日耳闻目睹，潜移默化地学会了热情、诚实、善良、正直、关心他人等优良性格品质。

另外，在这样的家庭环境中，成员之间是互相爱护的，对于孩子，他们也是疼爱有加的。除自己的学习和工作外，家长会用更多的精力关心孩子，注重孩子的智力开发，知识经验积累以及能力的提高，为孩子入学后的学习打好基础。

孩子犹如一株嫩苗，在一个和谐的家庭中才能健康地成长。为了孩子，也为了全家的幸福，父母长辈们应该随时保持好心情，从而为孩子创造一个良好的成长环境。

总之，良好的家庭情感，和谐的家庭气氛可给孩子造成良好影响，每一位家长都应从孩子形成优良的个性品质、健康发育成长的责任出发，重视营造一个温馨和睦的家庭环境，以利于孩子成长。

培养好习惯：有好习惯才有好性格

一种行为习惯，是人们成长过程中，在很长一段时间内逐渐形成的一种行为倾向。从某种意义上说，"习惯是人生最大的指导"。世界著名心理学家威廉·詹姆士这么说的：播下一个行动，收获一种习惯；播下一种习惯，收获一种性格；播下一种性格，收获一种命运！

可见，好的习惯是十分重要的，它可以让人的一生发生重大变化。满身恶习的人，是成不了大气候的，惟有有好习惯的人，才能实现自己的远大目标。

同样，我们在家庭教育中，对孩子也要尽早进行习惯的培养，有好的习惯，孩子才会有好的性格。而儿童教育专家认为，孩子的行为习惯要从3岁就开始培养，"3岁看大，7岁看老"就是这个道理。

学习习惯对一个人的发展是非常重要的，良好的学习习惯和强烈的学习兴趣比"知识储备"更为重要。那么，我们要尽早培养孩子的哪些习惯呢？

具体可从以下方面着手：

1.培养孩子做事有始有终的习惯

做事虎头蛇尾、不专心是孩子尤其是年幼的孩子的通病，他们经常一会儿玩玩具，一会儿看书，三心二意。这种习惯不好，我们应该注意，一定要让孩子完成一件事后再做其他事，如果在做这件事时确有困难，孩子无法独立完成，那么家长可适当指导帮助一下，让他形成有困难要想办法解决的意识，而不是有困难就不做。要培养孩子做事有恒心的好习惯。

2.培养孩子倾听他人说话的习惯

有的孩子大人与他说话，他却只顾自己玩；老师上课或小朋友回答问题时，他总是抢嘴或在下面讲废话、做小动作，不

好好听；问他刚才教师（或同伴）说什么一问三不知，或似懂非懂。这样的习惯如不及时纠正对孩子以后的学习不好，所以平时我们跟孩子讲话时要让孩子的眼睛看着自己，不能三心二意，漫不经心，开始时要多提醒，时间长了孩子就会形成专心听讲的好习惯，上学后也会专心听课，就能很快掌握教师所教的知识。

3.培养孩子对书的兴趣和良好的看书习惯

看书习惯对孩子的发展很重要，在平时家长要注意培养孩子看书的兴趣和习惯。一开始孩子不会看书，大人要指导孩子看书，提醒孩子一页一页仔细看，如：看看图上有谁、在什么地方、在做什么？边看边跟他讲书，慢慢地大人小孩各自看，看后互相交流书上内容，逐渐地以孩子讲为主，这时大人要多鼓励表扬。孩子看书的习惯兴趣好了，对他以后的学习帮助非常大，有利于提高孩子以后的语文写作、分析、理解能力等，并对其以后的工作也大有好处。当然为孩子选购的书要合适，内容健康，有一定的教育意义；图书的色彩漂亮、美观，文字与图画比例要恰当，另外要培养孩子自己管理图书。给孩子准备一个放书的地方，有条件的可做个书柜或书架，每次让孩子看完书后自己放好，形成自己的书自己整理的习惯。

4.重视孩子文明礼貌和尊敬长辈的培养教育

文明礼貌是中华民族的优秀传统，是人们在日常人际交往中应当共同遵守的道德准则。在孩子与人的互相交往中，和悦的语气、亲切的称呼、诚挚的态度等，都会使得孩子更加友好、尊重别人，俗话说："良言一句三冬暖，恶语伤人六月寒。"因此，文明的谈吐和行为是孩子具有良好修养的表现，讲文明礼貌能促进孩子和别人之间的团结友爱，是沟通孩子与他人之间情感的道德桥梁。

另外我们要教育孩子见到长辈应主动打招呼，学会使用尊称和礼貌用语，懂得长幼有序；长辈、父母出门或回家要主动站起来，迎送、帮助递包，提醒带齐东西；听长辈讲话时要认真，不东张西望、不插嘴；与长辈谈话时要和气、礼貌、不要高喊大叫；外出或回家时要和家长打招呼，让孩子养成通报的习惯；听从长辈的教导要虚心，并认真按长辈的教导去做；长辈批评时不顶撞、不任性，要养成虚心听取批评意见的习惯。家长对正确的意见一定要坚持，不要孩子一闹就妥协。

当然，家长也要注意批评的方式与方法，要求孩子遵守学校纪律，不让家长操心。在家里要干些力所能力的事，做到日常生活能做的事情自己干。

孩子的行为习惯的培养不是一朝一夕的事，需要长期努力，并且家庭中的每个成员对孩子的要求都要一致，否则孩子很容易陷入混乱之中。

批评孩子，防止过犹不及

我们都知道，3岁是培养良好行为习惯的重要时期，因此，需要我们父母的管教，而孩子犯错了，批评管教少不得。但孩子心灵是脆弱的，我们批评教育孩子，千万不能过度。因此，任何批评，都必须要讲方法，如果孩子一旦犯错，就采取谩骂、呵斥的方式，那么不但不能让孩子接受并改正错误，还有可能会让孩子产生逆反情绪，严重的，会打击孩子的积极性，使孩子丧失自信。

然而，生活中，很多父母却经常犯这样的错误：家长三番五次地对孩子说："跟你说过多少遍，吃饭的时候不要玩其他的。"可是孩子还是边吃边玩；妈妈经常提醒孩子不要打架，可孩子还是"恶习"不改；面对孩子喜欢玩游戏问题，父母强行干涉，结果把孩子逼急了，孩子居然离家出走……

实际上，父母过分的叮嘱和管教不但不能起到预期的效果，反而会使孩子的神经细胞处于抑制状态，从而做出逆反的行为。因此，任何一个父母，在教育孩子的时候，都应把握好度，时间不能过长，内容也不应过多。

心理专家告诉我们，在批评和尊重之间，了解孩子的承受能力和选择适合的批评方式，能帮助父母找到平衡，但父母们必须掌握以下几个在批评孩子时说话的原则：

1.注意时间和场合

批评孩子要避免以下三个时间：清晨、吃饭时、睡觉前。

因为在清晨批评孩子，可能会破坏孩子一天的好心情；吃饭时批评孩子，会影响孩子的食欲，长此以往会对孩子的身体健康不利；睡觉前批评孩子，会影响孩子的睡眠，不利于孩子的身体发育。

2.批评孩子之前要让自己冷静下来

孩子犯了错，家长担心孩子会学坏很正常，难免也会产生一些情绪，但千万不能因为一时情绪说出不该说的话，做了不该做的事而伤害到孩子。

3.先进行自我批评

父母和孩子每天打交道，是孩子的第一任老师。孩子犯了

错，父母或多或少都会有一定的责任。在批评孩子之前，如果父母能先来一番自我批评，如："这件事也不全怪你，妈妈也有责任""只怪爸爸平时工作太忙，对你不够关心"等，会让家长和孩子的心理距离一下子拉近，会让孩子更乐意接受父母的批评，还可以培养孩子勇于承担责任、勇于自我批评的良好品质，一举多得，父母又何乐而不为呢？

4.一事归一事

有些父母很喜欢"联想"，一旦孩子犯了什么错，就能联系孩子犯过的所有错误，甚至给孩子贴上坏孩子的标签，殊不知这样只会给孩子造成心理阴影。因此，在批评孩子的时候，父母要明白自己的批评，是为让孩子明白做什么样的事会带来什么样的后果。

5.给孩子申诉的机会

孩子犯错的原因是多种多样的，有孩子主观方面的失误，但也有可能是不以孩子的意志为转移的客观原因。从主观方面来说，有可能是有意为之，也有可能是无心所致；有可能是态度问题，也可能是能力不足等。

所以，当孩子犯错后，不要剥夺孩子说话的权利，要给孩子一个申诉的机会，让孩子把自己想说的话和盘托出，这样家长会对孩子所犯的错误有一个更全面、更清楚的认识，对孩子的批评会更有针对性，也让孩子能心悦诚服地接受自己的批评。

6.批评孩子之后要给孩子心理上一定的安慰

孩子犯错后,情绪往往会比较低落。父母在批评孩子后,应及时给孩子一些心理上的安慰,从语言上来安慰孩子,比如说些"没关系,知道错了改正就行""我知道你是个聪明的孩子,自己会知道怎么做""爸爸妈妈也有犯错的时候,重新再来"之类的话。

在家庭教育中,父母对孩子的说教应注意"度"。如果"过度",孩子容易丧失自信;如果"不及",又达不到教育的目的;掌握好分寸,做到"恰到好处",才能使你的训导对孩子起到理想的效果。

以身作则,孩子开阔的心胸需要从小培养

古今成大事者,不但要有大志,一定也拥有宽广的胸怀。胸怀是人格的具体体现,具有宽广胸怀的人,才能成为人格高尚的人,而这正是家庭教育的目的之一。作为父母,我们要从小培养孩子的这一良好品格,尤其是要给孩子做出行为榜样。因为年幼的孩子最善于观察和模仿,家长的言行举止都是他们观察和模仿的对象。

父母是幼儿的第一任老师,父母的日常行为、言谈举止和情感态度随时都会对孩子的发展产生潜移默化的影响。所以,

我的孩子3岁了

父母要做个有心人，平时抓住一切有利时机为孩子做好行为示范。父母必须经常检查自身的言行，看看自己是否有心胸狭窄的行为和心态。

当然，培养孩子开阔的心胸，还要辅助一些教育方式，父母可以以下三个方面尝试：

1.让孩子开阔眼界。眼界宽的人，胸怀也会宽广

这是一位妈妈的教育心得：

"我们经常利用各种节假日，带孩子游览祖国的大好河山，这让全家人都受益匪浅。尤其是孩子上了三年级以后，我们带他出去旅游的机会就更多了，比如带他领略泰山的雄伟壮观；带他到内蒙古，体会那种"天苍苍，野茫茫，风吹草低见牛羊"的壮阔；带他游览海南岛，观赏热带森林植物的瑰丽和神奇。我们没有刻意地去教育孩子要有宽广的心胸，但是，孩子却在这一次次的游览中，增长了知识，开阔了眼界。令我们高兴的是，孩子在一次次的经历中，拥有了宽广的胸怀，很少会因为日常小事儿无谓地烦恼了。"

2.在阅读中培养孩子宽广的胸怀

书籍中有无数值得孩子学习的心胸宽广的故事，这些故事对孩子的启迪远比家长的说教要好得多。

"我的孩子喜欢阅读，经常自己拿着书蹲在家里的地板上津津有味地看书。

孩子最喜欢看故事书。一次，孩子在读到《将相和》故事时问我：'妈妈，如果是我，我可不会背着荆条去认罪。'孩子说的是廉颇负荆请罪的事情。我告诉孩子，因为廉颇负荆请罪，因为蔺相如心胸宽广，以大局为重，所以，秦国才不敢侵犯赵国。还有一次，孩子读到韩信后来做了元帅，竟然宽恕那几个当年侮辱他的人的时候，不解地说：'这么欺负人，怎么还饶了他们呢？'我问孩子：'你不是想当一个好孩子吗？你不是希望自己将来能做大事吗？要成就大事，必须要有一个宽广的胸怀'。"

我们可以从这位母亲的教育中获得一些启示，还可以从生活中的一些现象出发，告诉孩子怎样才能拥有一个宽广的胸怀，比如不要斤斤计较那些鸡毛蒜皮的小事情，要欣赏他人的优点，不要嫉妒。把"海纳百川，有容乃大"这样一条格言贴在孩子的桌子上，作为孩子的座右铭，让他自我勉励。

3.身体力行，做孩子的榜样

家长是孩子的第一任老师，父母如何待人接物、心胸是否宽广，直接影响到孩子。父母平时要待人要和蔼，一些针尖大的事情，没必要斤斤计较，更不要发火和出口伤人，因为父母的一言一行都映射在孩子幼小的心灵上。

"我们经常教育孩子心胸要宽广，要宽以待人，对待他人要热情等。一次，楼上邻居晾晒的衣服上不断滴下的水把我洗好就要晾干的衣服又淋湿了，害得我又把衣服洗了一遍。但我只是客气地提醒楼上的邻居，没有生气发火。还有一次，我

我的孩子3岁了

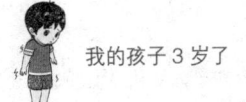

在送孩子上学的路上,被一辆自行车刮了一下,手很痛,骑车人不断地说对不起,我看着有些红肿的手背,只告诉骑车人要注意安全,就让他走了。3岁的儿子问我:'妈妈,你怎么让他走了?万一你的手骨折了怎么办?'我笑着对孩子说:'没关系,妈妈的手不会骨折。一会儿就会好的。叔叔也不是故意的。他已经道歉了。'"

的确,真正成功的人一定是个心胸宽广的人,斤斤计较者满足于眼前的小利益,最终与成功无缘,因此,家长一定要注意孩子的品质培养,不要因为"拮据"的物质条件,让孩子原本豁达、宽广的胸怀被搁浅甚至埋葬!

第 07 章

3 岁看大，7 岁看老——孩子的天赋和才能需要及早开发

作为父母，我们都"望子成龙""望女成凤"，都希望孩子能出类拔萃，但孩子的天赋要及早开发。儿童教育专家认为，孩子的早期教育最晚不能超过3岁开始，因为儿童的天赋会随着年龄增大而递减，教育得越晚，儿童的潜能就发挥得越少。因此，我们有必要在生活中认真观察，一旦发现孩子的天赋，就要及早引导，多给予孩子鼓励和赞赏，使天赋成为孩子终生的财富。

孩子的早期教育很重要

在教育孩子这一问题上，可能很多家长会认为，培养孩子的某一方面的特殊的天赋，应该在孩子成长到一定阶段后再开始，这种观点是错误的。一个人，随着年龄的增长，他对周围的环境会越来越适应，身体机能也会发生相应的变化，内在能力会逐渐消失。因此，专家建议，早期教育很重要，越早开始越好，最晚不能超过3岁。

大量的科学研究表明：儿童的潜能培养遵循着一种奇特的规律——天赋随着年龄增大而递减，教育得越晚，儿童与生俱来的潜能就发挥得越少。假如我们把一个孩子生来就有的潜能以100分来计算，如果我们从五岁开始教育孩子，那么，他长大以后可能有80的能力；而从十岁教育，就只能达到60分，而从15岁开始教育的话，孩子的能力还能不能被挖掘出来都尚未可知。

也有家长认为，如果一个孩子真的有天赋，那么，他就并不需要接受特别的教育。事实上，人的大脑在刚开始发育时是感应度最强的，随着年龄的慢慢增长，感应度开始逐步减退，就和绷紧了的弦一样慢慢松弛下来。

生物学家达尔文曾经遇到过这样一件事：

一天,他接待了一位美丽的少妇,这位少妇带着自己的孩子来问达尔文,希望达尔文能就育儿问题给自己一些建议。

"啊,多漂亮的孩子啊!几岁了?"看到这么漂亮可爱的孩子,还没等少妇开口,达尔文就高兴地问夫人。

"刚好两岁半",少妇诚恳地对达尔文说,"你知道,当父母的都希望孩子以后能有出息,你是个杰出的科学家,我今天特地带孩子来求教,请问对孩子的教育什么时候开始才好呢?"

"唉,夫人,很可惜,你已经晚了两年半了。"达尔文惋惜地告诉她。

从这个故事中,我们也能看出来孩子的早期教育一定要越早越好。当然,并不是说非要从几岁开始,但大量的研究表明,对孩子的早期教育,最晚不能超过3岁,就学习外语而言,如果你的孩子在10岁以后才接触英语,那么,即使他的笔试成绩很好,但他口语绝对不纯正。

甚至不少专家认为,对于钢琴而言,如果一个孩子不从5岁开始练,那么,他就不可能达到很高的境界。而小提琴的最佳学习年纪则更早,专家认为是3岁。也就是说,早期教育能造就天才,儿童的能力如果不在发展期内进行培养,就会出现能力逐步递减的现象。

当然,家长在对孩子进行早期教育时,还得注意两个问题:

1.不能拔苗助长

一些家长对孩子期望太大,害怕孩子输在起跑线上,因

此，在孩子学龄前，他们就开始对孩子进行各种智力投资，让孩子学这学那，重视孩子的早期教育是好事，但如果太过心急，反倒会起到反作用。

2.注意方法，最好能寓教于乐

生活中，就有一些父母，在孩子很小的时候，就想让孩子识字，但他们却不讲教育方法，仅仅在纸上写几个字，让孩子照葫芦画瓢，进行模仿。这样的教育，孩子毫无兴趣，自然也学不好。而父母便认为孩子是在偷懒，往往采取惩罚的手段。这样的教育方法，只会让父母累，孩子苦，但收效甚微。这种教育方法还会造成孩子的逆反心理，在将来上了学后，也会对学习发怵，甚至出现逃学的行为。

因此，对孩子进行早期教育，我们一定要重视方法，最好能寓教于乐，因为对于婴幼儿阶段的孩子来说，本身他们大部分的时间都是在玩中度过的。因此，当你的孩子开始在草地上摸爬滚打的时候，千万不要喝止孩子，这是引导孩子掌握平衡和灵活性的最佳时期。如果你的孩子大一点了，你可以放手让他和同龄孩子参加游戏。这样，在玩乐中，孩子的智力、想象力、创造力、与人交往的能力等都得到了锻炼，这些都是将来接触社会时必须掌握的。因此，我们可以说，让孩子在婴幼儿时期有充分的玩的机会，对于孩子的智力和非智力因素的发展都是极为重要的，同时，也能避免孩子出现某些身心上的障碍。

很多父母没有意识到儿童的智力发展是随着年龄增长而在递减的，因此，早期教育是开发儿童潜能的必要方式之一，早期教育更容易造就天才。作为父母，你要知道，越早对你的孩子进行教育，开发他们的潜能，你的孩子成功的机率就越大，但同时，我们也要注意方式方法，不可操之过急。

不要扼杀孩子的天赋

作为父母，我们都希望自己的孩子在某一方面有特殊的才能，也就是天赋，天赋能让孩子产生热烈的学习兴趣，并形成

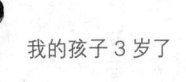

自己的竞争力。然而，不少父母会说，"我的孩子就是个普通人，哪有什么天赋""孩子越长大越没出息了"……那么，现在，你不妨来回想下，当你的孩子唱歌跑调时，你是否马上上前纠正，并且还说："别再折磨我们的耳朵了！"女儿把刚从幼儿园学到的舞蹈跳给爸爸看，爸爸看完后笑得肚子都痛了，最后给了女儿一句评价："宝贝，你的舞蹈好奇怪呀！"……然后，孩子再也没有了唱歌和跳舞的欲望了，要知道，孩子小时候很敏感，作为他最亲近的人，父母都这样对待他的"作品"，这对他的心理将会造成很大的伤害，这些消极的声音会严重地打击他的积极性，这将阻止他沿着天赋的道路继续走下去。

因此，作为父母，我们要明白，我们的孩子都是有天赋的，而孩子的天赋在3岁时就能看出来，当我们发现了孩子在某一方面表现出兴趣时，千万不要扼杀和打压，而应该给予积极的鼓励的声音，有位妈妈这样述说自己在培养女孩音乐天赋上的成就感：

"我的女儿是有音乐天赋的。在幼儿园小班时老师就称赞她，说她唱歌的音调、节奏都不错。回到家，女儿会自己打开音响，播放贝多芬和朗朗的钢琴曲。我不会去管教她，让她去学音乐，我会支持她。所以从老家搬出来以后，我特地买了一套音响设备和贝多芬的全套钢琴曲，还有朗朗的钢琴曲。先是我在用餐时放朗朗的曲子，很快她就喜欢上并习惯听了。还说朗朗是她的最爱！不久我换了贝多芬的曲子，她也慢慢习惯听了，到现在，她会主动在用餐时间放曲子。"

这位母亲的教育方法是值得我们学习的。其实，我们的孩子都是亟待发芽抽枝、开化结果的种子，也许他是玫瑰化种，将来会绽放绚烂的玫瑰；也许他是一株小草，将来会焕发出绿色的，倔强的生机……然而有一点不容置疑：孩子天赋的发挥离不开父母的支持和鼓励。

在支持和鼓励孩子天赋这一问题上，我们父母要做到：

1.鼓励孩子大胆尝试

孩子都是充满好奇心的，他们很喜欢尝试，对此，家长应给予鼓励和指导，千万不要打击孩子的积极性，即便是做错了，也不要训斥，要积极无条件地关注自己的孩子，鼓励和帮助他们树立自信心，排除挫折，远离无助感。

2.不要用成人的眼光去评价和打击孩子

3岁左右的孩子即使喜欢唱歌、跳舞或者其他活动，但此时他们对该活动还没有系统的学习，但如果孩子表现出强烈的兴趣，那么，我们就不要用成人的眼光去评价孩子的歌声，更不要去打击他。

比如，孩子咿咿呀呀唱歌，如果你无心嘲笑孩子，看似无伤大雅，但却会给孩子今后的人生留下阴影，所以，不论孩子做的如何，我们都应该给予他鼓励，支持他，让他尽情发挥天分。

3.把孩子的愿望变成现实

孩子在某一方面再有天赋，如果得不到父母的支持，那么这种天赋都会化为泡影，都不能使孩子走上正轨。我们只有做好充分的准备，才能为孩子的天赋开掘出一条开阔的通道，让孩子们的智慧之泉流淌。

总之，3岁是挖掘孩子潜能的重要时期，一旦发现孩子的天赋，父母就要积极地把它引导出来，这样，孩子所具备的那些天赋才会成为他终生的财富。

尊重孩子的兴趣和爱好

"一天晚上，我在房间整理衣服，听到客厅传来并不是很好听的歌声，我走进客厅，看到我3岁的孩子在随着伴奏的音乐咿咿呀呀唱歌，我马上对他说：'宝贝，你唱得简直太棒了！'现在他已经出了自己的专辑，我是他忠实的歌迷。"

这里，我们可以发现，孩子的天赋蕴藏于其兴趣中，而其发展则需要父母的支持和鼓励。然而，我们却发现，现实生活中，一些父母认为，成绩好才是王道，于是，他们把所有精力都放在引导和提高学习成绩上，即便是才3岁的孩子，他们也会让孩子参加各种各样的兴趣班和学前班，而事实上，这无疑是扼杀了孩子的天赋。

另外，我们父母不要为了追求短期的效应，让孩子把所有精力都放在学习上而忽视了其他方面的发展。尊重他的兴趣，让孩子玩得自主，孩子也才会快乐地学习和成长。

父母总认为孩子还小，要将孩子放在自己的掌心，而他却渴望一片自己的天空。这种"独裁"只会把孩子从你身边拉走。中国的家长们太喜欢包办代替，操心受累之余还总爱委屈地说一句："我什么都替他想到了，能做的我都做了，我容易吗？"可是这一"替"，不但不会让孩子领情，反而加剧了他们的逆反心理。

并且，孩子到了3岁以后，固然他们对父母还有一定的依赖，但是自主意识已经萌芽，此时如果父母什么都要管制孩子，孩子很容易变得情绪化和逆反。

其实，父母的良苦用心可想而知，但有没有尊重孩子的兴趣，让孩子挑选自己感兴趣的东西呢？家长应该注意发现和培养孩子的兴趣。

大多数时候父母都会认为，孩子还小，很多事情他们不懂，我们选择的对他们才更有好处。殊不知，孩子虽小，他也有着鲜活的思想和情感，有自己的兴趣。只有从兴趣出发，孩子才能自主地学习，才能学得又快又好，才能享受到学习的乐趣。

具体来说，我们需要做到：

1.尊重孩子的个性，别强行把你的兴趣和爱好强加给孩子

这是个性差异使然，很多有所成就的家长都希望自己的孩

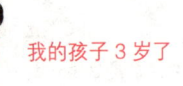

子能按照自己的兴趣、爱好,甚至为他规划的人生走下去,早有"子承父业""书香门第"之说,而其实,每个人都有自己的个性,即使他是你的孩子,也不是你的附属品,也有自己的兴趣爱好,他们更希望从家长那里得到认同,家长不要一味地为孩子做决定。

2.尊重孩子的兴趣和爱好

日常生活中,我们应该从孩子的兴趣爱好出发,多给孩子选择的权利,否则可能会事与愿违,严重的还会导致孩子产生厌学情绪,对生活和学习造成消极影响。在缺乏尊重的家庭环

境中，孩子没有自己的意识，丧失独立自主的能力，将来走上社会，也难以适应社会。

作为父母，应该尊重孩子的身心发展规律，在了解孩子的兴趣的基础上，和孩子商量，尽量让孩子自己拿主意。这样孩子会感激你的理解，在学习的过程中才会更有积极性。

3.家长不要有功利心理，要允许孩子发生兴趣转移

人的兴趣爱好不一定是一成不变的，大人如此，更何况孩子。随着年龄的增长，接触面的拓宽以及自身社会经验的加深，孩子的兴趣可能发生变化，比如，小时候他喜欢钢琴，而现在却对计算机产生兴趣。有些父母，出于功利心理，不能接受孩子的兴趣转移。比如因为当初给孩子买了钢琴，就不允许孩子的兴趣再发生变化了。这些父母可能强迫孩子天天练琴，直到孩子彻底丧失对弹琴的兴趣。这种做法并不可取。

其实孩子拥有丰富的兴趣对自身发展而言是种优势，父母要鼓励孩子全面发展自己的兴趣，允许孩子的兴趣发生转移。

一个人，如果不能在诸多方面得到全面发展，在哪一项上存在严重漏洞，都会影响他的人生前途。因此，作为父母，在教育孩子的过程中，一定不能只看重孩子的成绩，而应该尊重孩子的爱好，支持并鼓励孩子发展自己的兴趣爱好，这不但有利于增进亲子间的关系，也能让孩子得到全方面的发展。

3岁色彩敏感期，鼓励孩子多涂鸦

儿童心理学家认为，孩子在刚出生时对色彩的分辨能力较差，从3岁开始孩子对色彩产生了更加精细的感觉和认识，开始在生活中不断寻找不同的色彩，并使用和搭配。而这就意味着孩子进入了色彩敏感期。

对此，我们建议，给孩子提供多彩的油画棒，任其图画，不要求构图，不要求绘画技巧，注重锻炼孩子的颜色识别与搭配能力。

"莉莉3岁的时候，我给她买了一些彩色蜡笔当做生日礼物，从那天开始，家里的地板和墙上经常都有她的'杰作'，我们并没有骂她，我们认为，孩子还小，涂鸦是他们表达自己情感和天赋的一种方式，刚开始她连笔都拿不好，也只会画出一些线条，心情不好的时候，她就会用力地在纸上画，后来，我们偶尔会带着她去公园或者郊区，让她画自己想画的东西，到现在，莉莉已经也画得像模像样了。如果她愿意，我们是会支持她继续画下去的。"

案例中的家长是开明的，她能理解孩子的涂鸦行为，并支持孩子。

然而，在生活中，有多少父母理解孩子爱涂鸦的行为，孩子把地板画脏了，妈妈马上说："你又在捣乱！"孩子画得不好，家长又打击："宝贝，你这画的乱七八糟的什么呀，真奇怪！"孩子是很敏感的，作为她最亲近的人，父母都这样对待她的"作品"，这对她的心灵将会造成很大的伤害，这些消极的声音会严重地打击她的积极性，其实，爱涂鸦的孩子都是想象力丰富的，因为绘画是表达孩子内心的一种语言，绘画是孩子的一种成长方式。

所以专家称，儿童的绘画应该是自由的。我们鼓励孩子绘画，其实原本的目的也是开发孩子的想象力、观察力、记忆力、审美能力、动手能力等，想象力是创造力的基础，而唯有想象力是会随着年龄的增长，生活阅历的丰富而被逐渐束缚、削弱、减少的。家长们可以通过让孩子绘画来保护好孩子们珍贵的想象力，同时发挥他们的想象力。

那么，父母该怎样挖掘并培养孩子的绘画天赋、开发孩子的想象力呢？

1.培养孩子的观察力和对色彩的感知力

没有好的观察力，是画不出好的作品的，试想一下，他都看不到美的东西，或在绘画中需要表现的细节，他怎么能画出来呢？

多带孩子到大自然当中去，引导孩子对大自然进行细心的观察，培养他对事物的语言描绘能力、绘画描绘能力和色彩感知能力，激发他心中的创作灵感。

2.培养孩子的想象力

不得不说，不少绘画老师只教给孩子绘画的技巧，而没有

鼓励他们发挥想象力，这就扼杀了孩子的创造力。

事实上，调查发现，对于孩子来说，他们从3岁开始，就已经有了丰富的想象力，比如，他们会想象自己的布偶朋友生病了，给他们打针、喂水；想象自己成为动物王国的公主，在森林里玩耍等。

这一切都反映了孩子无处不在的想象力。作为父母，一定要开发和挖掘孩子内在的想象潜能，把这种想象潜能转化为一种智慧和能力。

3.无论孩子画得像不像，都要给他恰到好处的赞美与鼓励

家长不要认为孩子画得像就是画得好，要知道，只会临摹的孩子是没有什么创造力的。对于孩子的涂鸦行为，我们也不要阻断，避免扼杀孩子早期的绘画兴趣。

此时，我们要恰到好处地对其作品给以具体的肯定与鼓励，因为这能够极大地提升孩子的自信心，增强他们对艺术的热爱。当然，鼓励与表扬的语言要具体，比如："你这幅作品的人物的脸画的很有立体感，色彩运用上也朴素大方哦！"

原来对自己并不自信的孩子，听到你的鼓励后，一定会信心十足起来。要相信，任何时候，赞美与鼓励绝对是推动一个人进步的最有利的武器。

另外，儿童心理学家称，对于3岁的孩子，不建议开始学习系统的绘画，这会让孩子丰富的想象力受到限制，建议给孩子

看大画面、丰富色彩的绘本，带孩子去大自然寻找不同季节的颜色，这都将会帮助孩子增加颜色鉴赏的品味。

从孩子调皮的行为中开发潜能

不少父母发现，孩子到了3岁以后，变得活泼好动，而且特别调皮，经常还有捣乱的行为，不是一个乖孩子。面对这种情况，很多家长很头疼，感叹这样的孩子要怎么教育呢？其实，儿童教育专家建议，孩子调皮的行为要辩证看待，因为孩子某些调皮的行为背后，暗藏的行为动机可能是积极的，作为父母，我们不可强制要求孩子听话，也不可对孩子的行为一刀切。

我们都知道，爱迪生是举世闻名的大发明家，他被誉为"世界发明大王"。然而，爱迪生在小时候也是个调皮的孩子，经常做出一些出格的行为。

爱迪生曾把几个化学制品放在一起，让佣人吃下去，希望让佣人肚子充满气而飞起来，最后却让佣人昏厥过去。

在这件事发生以后，爱迪生家的邻居们都知道了，他们警告自己的孩子："不许和爱迪生玩。"并且，因为这件事，爱迪生还被他的父亲痛打了一顿，因为他的父亲认为，这孩子太捣蛋了，只有打一顿才能长记性，才会听话，也才不会给自己

惹麻烦。除了爱迪生的母亲以外，没有人知道爱迪生为什么这样做。她了解自己的孩子这样做是善意的，是在做好事，只是方式方法出了问题，她并不认同丈夫这种粗暴的教育方式，认为这样会让孩子失去探索一切事物的兴趣。

正是母亲对爱迪生的行为的理解，才保持了爱迪生爱观察、爱想问题、爱追根究底的天才特质。

其实不只是爱迪生，综观古今中外，很多天才的天赋之所以能被挖掘，都是因为他们的父母有着一双慧眼，他们的父母能从孩子的一些看似调皮捣蛋的行为中看到积极的一面，能以辩证的态度看待孩子的行为，并挖掘出孩子的潜能。

的确，表面看起来，孩子的一些行为是错误的、是要被批评的，但同时背后也蕴藏了积极的一面。比如，日本的宗一郎像狗一样嗅车子漏下的汽油，牛顿在风暴中玩耍……他们表面上是在玩耍，甚至样子很可笑或危险，但他们真正的目的却是在尝试其他孩子没有兴趣尝试的东西。如果父母对其不理解并横加指责，这样扼杀一个孩子的潜能岂不可惜。

对于孩子的行为，家长要这样看待：

1.努力尝试理解孩子的行为

曾有家长谈到自己孩子的一件趣事："邻居家3岁多的孩子被他爸爸打了，原来这孩子不知道从哪里找来一只受伤的鸟，然后将鸟绑在了炮仗上，然后点着了飞天，鸟落下来被炸死了。爸爸妈妈打骂完之后才知道了他的想法，他想把受伤的鸟

送上蓝天……"

其实，不少家长在教育中也总是有这样的习惯：对于孩子的行为，自己没有理解，也没有努力去尝试理解，就把孩子的做法归为错误的，这是对孩子极不负责任的，在这样的教育下，孩子能有多大的发展呢？

因此，要善于理解孩子的行为。父母要明白的是，孩子的行为，很多都是他对未知的一种探索，有些事情的做法孩子甚至比大人更有技巧。父母通过理解孩子的行为，明白孩子行为的本来目的，这样便于拿出适合孩子的教育方法，不至于因误解而扼杀了孩子的成长。

在一般人看来，历史上的很多天才的很多行为是不可思议的。如果后来他们没有成功，他们的这些举止将永远成为别人的笑柄，更会成为他们是傻子、疯子的有力证据。

2.换位思考，挖掘出孩子"行为"背后的积极动机

曾经有一部风靡世界的喜剧片——《巴黎淘气帮》，这部儿童喜剧片来自于法国，片里有这样一群孩子，他们为了让妈妈高兴，就趁着妈妈不在家的时间，想把家里来个大扫除，结果把家里弄得一塌糊涂，沙发被划破了，地板被擦花了，甚至家里的小猫都"不幸"被扔进了洗衣机。其实不少家庭都发生过这样的事，孩子为了讨好大人，好心办了坏事，因为他们没有生活经验，此时，我们不能责备，而是应该告诉他们方法。

3.从孩子的行为中开发其潜能

我们都想孩子能乖巧听话，但我们看到更多的是，调皮的孩子才更有创造力，而孩子创造力的明显特征就是喜欢调皮捣蛋，这是他们与乖孩子的区别，也是他们具备某一潜能的体现，不少天才之所以能成功，就是因为他们的父亲或者母亲能看到他们行为后的潜能，知道那些举止是天才诞生的开始，就有意识地支持孩子的行为，帮助他们开发潜能。

总之，父母要明白一个道理：理解孩子的行为，就有助于更好地教育孩子，天才也就是这样教育成的。也就是说，如果我们能走进孩子的内心世界，真正了解孩子的"行为"，去引导，去鼓励，去帮助，去发现，孩子就能健康成长、顺利成才！

克服懒散的弱点，培养独立勤快的好孩子

"现在的孩子都聪明，脑子灵，就是有点'懒'"，这是很多家长对孩子的评价。当然，孩子懒散的原因是多方面的，但主要是因为现代社会家长对孩子的娇宠，在衣来伸手、饭来张口的家庭生活中，孩子缺乏劳动习惯而变得懒散，久而久之，就会动手能力差，做事缺乏毅力和耐力。而孩子作为社会的接班人，必须发挥先辈们艰苦奋斗的作风，不能让懒散成为成长的绊脚石。这就告诉家长，要管教孩子，就要避免培养孩子做事不肯钻研，怕苦、怕烦的坏习惯，而这一点需要从孩子3岁开始就实施，因为3岁是孩子良好行为习惯和品质形成的关键期。

生活中懒散的孩子可不少，懒惰是孩子学习乃至生活中的天敌。懒散会导致孩子抗压力能力差的性格缺陷，给以后的学习和生活带来很多困难。懒惰的孩子喜欢成天闲荡，听课精神不振，不做作业也不温习功课。那么，作为父母，怎样帮孩子改变懒散行为呢？

1.做懒爸爸妈妈

很多父母认为，我们教养孩子，就是要让孩子吃好的，穿好的，认为这就是有品位的生活。其实不然，物质生活太丰裕容易造成孩子缺乏独立精神，父母应该适当给自己放放假，懒一点，这对于成长中的孩子未尝不是一件好事。

孩子出生后，立即成了全家人的宝。爷爷、奶奶、外公、

我的孩子3岁了

外婆四个人围着小家伙一个人转：孩子要喝奶，奶奶拿奶粉，爷爷拿奶瓶，外公倒水，外婆拿毛巾！那个忙碌劲，不亚于太后用膳。我明白，教育孩子不能过分迁就她。但是，面对老人的高度热情，我无法将这一理念落实。

宝宝两岁时，什么都想抢着干，爷爷奶奶虽然很高兴，但总是一个劲地说："宝宝还小，宝宝还小！奶奶来做！"就这样，小家伙的工作热情就中途夭折了。

过年的时候，老人都回老家了，这下我可就没有了后顾之忧，决定将"懒"进行到底。

孩子想吃饼干，嚷着要我去拿。我说："你自己去，妈妈也累了。"她不肯，我们僵持着，最终她还是妥协了，自己跑去拿饼干。

我们一家三口逛街回来，累了，我和她爸爸躺到床上，对宝宝说："我们累了，休息一会儿，你要是不休息就到客厅看会儿电视吧。"孩子不高兴，可我们都闭上了眼睛，她想了想，就走出了房间，还没忘帮我们把房间门关上。我和老公相视一笑，我悄悄地爬起来，跟在她后面看。小家伙打开冰箱，拿了酸奶，打开电视，一个人坐在沙发上，有模有样地看起来。

在我们的"漠视"下，孩子一个春节竟学会了穿、脱衣裤，拿筷子吃饭，自己收拾玩具，这让我惊喜不已。

从这位懒妈妈的育女真经中，很多父母应该有所启发。我们教育孩子，都投入了百分百的精力，疲惫之余，却仍感力不从心，收效甚微。可见百分百勤快的家长不一定就能得到百分百的结果。与其这样，倒不如给自己喘口气，放个小假，偷个小懒，做不了百分百的勤快父母，那就换个角色，做"懒"一点的父母，也许还会有意外的收获。

做"懒"父母绝不是为了享轻闲、图自在，而是用心良苦。通过谈话、讲故事等方式，使孩子知道"自己的事情自己做"的道理。孩子的未来要靠自己去开创，独立的生活能力是一个人生存和发展的基本前提。而这种能力不是天生的，是从小培养和锻炼出来的。父母如果将孩子的一切都包办，等于剥夺了孩子认识世界、锻炼自我的机会。做个"懒"父母是为孩子着想，对孩子的成长负责。

2.互相表达爱，让孩子感知爱，从而主动去劳动

爱是相互的，孩子需要爱，父母当然也需要。孩子生活优越，全然不知道家长工作的辛苦和感觉，怎么可能知道爸爸妈妈也需要爱呢？默默奉献的父母，也要学会时常偷偷懒。周末的早上，不妨睡一个懒觉，冲着孩子发发牢骚："妈妈真辛苦啊，为了你，妈妈少睡了好多个懒觉。"

家长有自己的工作和生活空间，自己偷偷懒，其实就是给了孩子培养独立能力的机会。也才不会把父母的付出看成理所当然。衣食住行是孩子自己的事，父母不是"全职保姆"！

当然，缺失的爱可能会让孩子不适应，产生情绪。那爸爸妈妈一定要时常把爱说出口，让孩子扭转"父母不爱我了"的

稚嫩想法。

3.多信任少埋怨

有很多勤快父母什么事都想替孩子做，但做的时候却很不情愿，一边做一边责怪孩子："你怎么什么都不会做？妈妈像你这么大的时候都能上街打酱油了。"要不就历数："你看谁谁真聪明，还会自己吃饭呢"……事情没做完，孩子早就被数落得垂头丧气，信心全无，更不用说放手让孩子自己去做又会衍生出多少牢骚。

孩子的年纪尚小，出现失误在所难免，父母不能用大人的准则去限制他，相信你的孩子，他有自己的问题处理方案。多给孩子鼓励和表扬，少点指责和埋怨，他就会多点信心和满足。

总之，独立的孩子有自制力，能克服懒散的毛病，而家长要培养一个勤快、能干、独立的孩子，就要适时地放手，就要"勤快孩子懒自己"！

鼓励和引导，让孩子具备积极的行动力

不少父母感叹，孩子才三四岁就很懒，干什么都拖拖拉拉，这样的孩子上小学后怎么办，以后能有什么出息。3岁是孩子行为习惯培养的重要时期，此时，我们要培养孩子积极的行

动力，因为勤奋是成就孩子美好一生的前提。

最近，3岁半的童童决定和妈妈一起晨跑，但周末这天早上，闹钟响起的时候，他关掉了闹钟，继续睡懒觉。

"童童，起来了，妈妈都准备好了。"

"妈妈，困，您让我再睡会吧！"

"不行，闹钟都响了三遍了，我们上个星期都约好了，你不会说话不算数吧！"

"怎么会呢？我立马起床！"童童听到妈妈这么说，好像不起床都不行了，于是，他立刻穿上衣服，和妈妈一起出门了。

童童和妈妈一起锻炼了一会以后，妈妈对童童说："童童啊，你是男子汉了，男子汉就要说到做到，不管做什么事情，既然决定了，就一定要努力做到，否则，将一事无成，你明白妈妈说的话吗？"

"我明白了，妈妈，以后，不管做什么事，一旦决定了，我一定努力做好！"

其实，作为父母，我们在对孩子的培养过程中，要让他们明白，失败者往往是语言的巨人，行动的矮子。一个人只有行动起来，才能使梦想和目标具有现实意义。正如俄国作家克雷洛夫所说的："现实是此岸，理想是彼岸，中间有湍急的河水，行动则是架在河上的桥梁。"

然而，孩子毕竟是孩子，他们的想法很天真，对梦想和计划总是充满着幻想，但正因为如此，他们很容易放弃，对此，

父母一定要给予鼓励和引导,让孩子具备行动力。

那么,作为家长,应该怎么做呢?

1.转变观念,孩子的行动力需培养而不能任其自然

一些父母认为,孩子到了幼儿园,交给学校管理就行,只要孩子好好学习就万事大吉了,树大自然直,将来要是有出息,更好,将来有福享;不成器,也随他去,这完全是一种不负责任的态度;也有另外一类家长,只想一巴掌拍下去就搞定,而不想通过悉心教诲、循循诱导去培养孩子,毕竟那样做太费事了,这更是一种不负责任的态度,谁都知道"无规矩不成方圆",孩子的行为习惯岂能放任自流?

因此,作为家长,要让孩子具备行动力,拥有高情商,首先要转变观念,不再对孩子的行为放任不管。从现在起,家长要树立自己的责任心,跟上孩子的成长。

2.以身为范,从自我做起,做孩子的行为导师

生活中,有些家长,和孩子培养习惯也是一样,行动了几天,虎头蛇尾,没有了结果。但随着孩子慢慢长大,又开始埋怨孩子,说话不算数,说到做不到,那么我们作为家长自己是否做到了言必行,行必果呢?

有行动力的家长才能培养出有行动力的孩子,如果自己不是一个身体力行的家长,谈何教出一个说到做到的孩子呢?

3.对孩子的行动力的培养要坚持下去,使其形成习惯

培养孩子的行动力并非一日之功,需要父母长期坚持,从生活中的小事培养，量的积累，一定能达到质的飞跃。如果孩子的行动力不是很强，可以通过行动量的积累以提升他的行动力。

真正的成功人士一般都是行动者，而不是一个空想家。与成功者相比起来，失败者缺乏的就是行动。因为没有行动，所有的梦想都只能是空想。

总之，作为家长，我们应该让孩子知道，完美的计划只是一个开始，一切事件的成功最终还是要回到行动上来。只有计划而没有行动，计划就是空想，唯有行动才可以改变命运，一万个空洞的幻想也不如一个实际的行动。

第08章
3岁孩子的入园期——帮助孩子顺利进入幼儿园新生活

孩子到了3岁以后,就要从家庭进入幼儿园,这是孩子人生路上的第一次转折,但孩子毕竟还小,而且是第一次离开父母,因此会表现出不舍甚至不想上学的情绪,此时就需要我们父母的干预,如果处理得不好,会对幼儿日后的发展带来不利的影响。那么,作为父母,我们如何帮助孩子愉快地进入幼儿园,自信独立地面对幼儿园生活呢?接下来,我们在本章中会给你答案。

择校：适合的才是最好的

当孩子到了3岁以后，我们都知道，孩子已不再只满足于家庭的小天地，局限于同家庭中的成员打交道，而开始产生了参加社会生活与活动的需要，这就具备了进入幼儿园的能力与条件。3岁是孩子进入幼儿园的最佳年龄，家长应及时地送孩子进幼儿园，让他们在幼儿园过集体生活，接受全面发展教育。习惯集体生活，这对幼儿身心发展大有益处。

当孩子跨进幼儿园大门时，就迈出了走上社会的第一步，因为幼儿园是孩子的世界，为孩子提供了丰富多彩的集体生活环境，孩子在这样的生活环境中可以积累初步的经验，初步形成与人分享、合作、尊重他人等优秀品质，培养集体意识，形成合群、开朗的性格，并且弥补现实生活中独生子女缺乏伙伴的"孤独"缺陷，促进幼儿成为一个能够适应社会生活的人。

此时，我们就面临一个问题，如何为孩子挑选幼儿园呢？

诚然，我们都希望孩子能上最好的学校，这毋庸置疑，但并不是所有家长都有能力做到，另外，并不是幼儿园的设备越齐全、越豪华，越有利于孩子的成长。一些家长甚至不惜重金把孩子送进最豪华的幼儿园。其实幼儿园的豪华程度同幼儿的发展并不成正比，很多设备看起来非常豪华、先进，但就目前授课内容和幼儿教师的整体素质而言，部分设备利用率非常低，甚至有的豪华设备只不过是幼儿园收费的一个砝码。

家长在为孩子选择幼儿园时，环境是一个重要方面，但不能过分追求豪华，活动空间大（室内外活动场地人均各2㎡）、设备比较齐全、玩具图书充足、活动室布置让人感觉赏心悦目就基本可以。

但在安全方面，家长要多加重视，桌椅、窗户、楼梯是否安全，孩子就餐是否卫生，活动场所是否软化，厕所能否及时打扫等细节，需要家长提前落实。

总的来说，我们在为孩子考虑选择幼儿园时，要综合考虑以下6个因素：

1.路途远近是基本的考虑点

不要为了好学校而舍近求远,这样做将带来接送孩子的难题,也会使得孩子在今后的生活中不得不早起,这对他的健康有负面影响。

2.不要盲目追求幼儿园等级

有些幼儿园因受场地限制无法达到示范园标准,但办学严谨、教师工作踏实、服务意识强,在园宝宝的爸妈满意率高。这样的幼儿园也是值得选择的。

3.根据经济条件量力而行

幼儿园每月的管理费收费标准存在较大的差异,收费标准的高低与教育质量的优劣并不一定成正比,所以爸妈不必为此背上沉重的包袱。

4.选"特色"幼儿园须慎重

孩子正处于生理和心理发展的关键期,他们需要通过广泛接触周围的环境,获得语言、认知、社会交往、运动、情感等各方面的发展。如果在此阶段花大量的时间用于练习某一技能,孩子其他方面的发展会受到影响。

5.尽量不要选全托幼儿园

学龄前儿童处于感情发展的关键期,非常渴求家人的关爱,如果此时送进幼儿园全托,孩子缺乏与亲人亲昵的接触,长此以往,他们会失去安全感、信任感。除非万不得已,爸妈不要"忍痛割爱"。

6.尽量不要进比孩子实际年龄高一级的班级

原因有两点:

(1)正常的孩子与其生理年龄之间是相匹配的,孩子才3岁,如果就被送进4岁孩子的班级,他的能力显得平平,还有可能事事不如别人,这对孩子自信心、好胜心的培养十分不利。

(2)当孩子大班毕业该进小学时,由于年龄的问题无法入学,孩子将面临"留级"的问题。

当然,无论哪种途径,最后总要亲自去拜访一下,毕竟"耳听为虚,眼见为实",一个幼儿园总有其成熟或不成熟的方面,家长择园时不必以一弊而盖全。总之,在"合适的才是最好"的基础上,家长可以根据自己的需要,为自己的孩子选一个适合的幼儿园。

另外,当孩子进入幼儿园后,我们不要对孩子进行"定性培养",宝宝进入幼儿园前,兴趣爱好、个性特长等各方面都没有定性。因此,爸妈不要过早地对宝宝进行所谓的"定性培养"。没有必要让他学这学那。

幼儿园在招生时是不允许考试的,面试无非为了看看儿童的健康状况(有无传染病)、是否认识数字(1,2,3……)、颜色辨别(红、绿……)等。至于某些心急的爸妈有目的性地强迫宝宝接受"特长"教育,这种做法是不可取的。宝宝的生理健康与心理健康才是最重要的。让宝宝对周围的环境产生兴趣,以开朗的心态面对困难,才是爸妈较重要的培养目标。

我的孩子3岁了

孩子不愿意和爸爸妈妈分开怎么办

生活中，我们每个人都会遇到离别，与亲朋好友离别，难免产生一些负面情绪，但作为成人的我们，一般都能自行调节，而对于年幼的儿童来说，他们很容易长时间处于不安情绪之中。对于3岁的孩子来说，他们即将从家庭走向幼儿园，即将离开父母的怀抱而进入集体生活，此时也容易焦虑，常常表现为：紧紧抱着父母不放、害怕、非常爱哭、情绪非常不稳定、又叫又跳的、耍赖、哭躺在地上不起来等。

个别孩子还会产生分离焦虑症，主要表现有以下表现：

（1）孤独与迟钝：这种孩子表现出无法融入集体、不合群，喜欢自己待着、沉浸在自己的幻想中，语言迟钝，不爱说话，对任何活动都缺乏兴趣。

（2）恐惧和胆怯：这些孩子怕一个人待着，怕黑暗、空旷的环境，怕陌生人，而且会出现失眠、梦魇、易哭、懦弱和缺乏自信的情况。

（3）固执与韧性：对成人的语言表现出排斥和对抗的态度，一遇到不顺心的事就哭闹、打滚，以拒食来表示反抗，坚持自己无理的要求。

（4）暴怒：孩子脾气暴躁，只要自己的要求没有被满足，就大哭大闹、叫喊、扔东西、踢人、咬人、以头碰墙等。还有一种比较特殊的表现是孩子哭叫一二声或大哭之后，突然呼吸停止，面色紫绀，随之抽搐或"昏死"过去，好一会才恢复过来，医学上称为屏气发作。

那么，为何我们的孩子不愿意离开父母怀抱去融入新集体呢？

1.对儿童的过分呵护、娇惯溺爱，让孩子不愿意离开父母

在生活中家人对儿童的过分呵护、娇惯溺爱会使孩子的独立性变差，生活技能缺失，自理能力差，一旦要走出家门离开父母亲人，便不知如何应对，这是儿童产生分离焦虑症的主要原因。

2.接触的人少，更难融入新集体

在大家庭长大的宝宝，日常接触的人多，容易产生对别人的信任，依恋的对象广泛，分离焦虑较轻。反之，在小家庭长大的孩子，如果亲友走动少，每天只和爸爸妈妈在一起，和外界接触少，容易认生，对爸爸妈妈往往产生强烈的依恋。

3.性格内向、独立性较差的孩子

平时活泼开朗、乐呵呵的孩子，和爸爸妈妈分手时，也不免大哭几声，但很快就会适应；性格内向、独立性较差的孩子，一般焦虑较严重，注意力难以分散，焦虑持续时间较长。

可以说，孩子从家庭到幼儿园，是孩子与父母的第一次分离，如何处理，对孩子的身心都有很大的影响，处理得好，对其将来能力的发展和健康人格的形成有着十分重要的意义。

值得注意的是，近两年，新入园的幼儿中，焦虑程度严重

的幼儿数量在增加。美国一位心理学家研究发现,早期的分离焦虑如果比较严重的话,会降低孩子智力活动的效果,甚至会影响其将来的创造力以及对社会的适应能力。

为此,儿童心理学家给出以下几点意见:

1.积极的引导,让孩子认识到分离在所难免

我们要让孩子知道,即便不是每个小时都在一起,父母也一样爱他。并且,父母与孩子分开时,千万不可表现出焦虑并将这种焦虑传染给孩子,更不要担心孩子无法适应新的环境。我们父母只有首先正确看待分离,才能让孩子远离分离焦虑。

2.要学会放手,培养孩子的自理能力

首先父母要有让孩子独立的意识,否则所有的行为都是一句空话。而所谓独立的意识,简单一句话就是孩子能做的让他自己做,因为每个人的生活终将是每个人自己过,家长不能在他幼儿时剥夺他独立生活的意识。只有这样,孩子以后才能走得好,生活得让家长放心。

从孩子学走路的那一刻,孩子就已走上自己独立的征途。对父母来说,则要做到,孩子能自己走,哪怕走得歪歪扭扭,会摔跤,也要让他自己走。

3.形成新的依恋关系

父母是孩子一直以来最为依恋的对象。孩子一旦离开父母,会出现不安全感,要让孩子不产生焦虑,适应父母不在场的环境,就要让孩子与老师建立新的依恋关系。新的依恋对象可以是老师，也可以是别的小朋友。

所以，在日常生活中，父母就要有意识地培养孩子的接触面，带孩子多接触一些陌生人，这样，在与父母分离时，他也就能很快地适应环境了。

孩子不想去幼儿园怎么办

作为家长，我们都知道，孩子到了3岁以后，就要上幼儿园了，终于省心了，一些父母很欣慰，尤其是对于全职妈妈而言，孩子上学意味着她们可以重新工作，可没想到，孩子根本不愿意上学，一进学校就就大哭，甚至产生焦虑、恐惧等情绪，这让不少家长伤脑筋。

对此，儿童心理学专家表示，3岁儿童不愿意上幼儿园是正常的表现，主要是孩子对上学有焦虑和恐惧情绪，家长一定要正确引导，帮孩子克服。

西西今年3岁，是个活泼可爱的小女孩，马上开始读幼儿园了。这不，夏天过完了，幼儿园开学。可是才开学没几天西西就把幼儿园老师折腾得够呛。因为一直跟爸爸妈妈一起，这不，一送到幼儿园后西西就开始哭，每次都是泪流满面。

牛牛也今年开始读小班，一开始听说要读书了还挺兴奋，但没想到这周一妈妈送去幼儿园，牛牛突然说不想上幼儿园，

要跟妈妈上班去，妈妈怎么哄都不行。

其实，西西和牛牛对这种害怕上学的现象在年纪尚小的儿童身上尤为明显。另外，他们还会表现出脆弱、胆小、害羞等性格特点，因为过分依赖、害怕与父母分离，从而出现上学困难的情况。

由于对陌生人感到紧张和恐惧，孩子更愿意待在家里，难以融入新环境。对此，儿童心理学专家建议：

1.理解孩子的情绪

对于孩子的焦虑情绪，家长要表示理解，不可批评，更不可打骂孩子，认为这是孩子怠惰的表现。这样只会加重孩子的恐惧，和你的心距离更远了。

另外，我们可以把孩子当知心朋友，与之分享一下自己对于上班的焦虑，告诉孩子这种情形不可避免，更不能排斥。

焦虑也是我们身体情绪的一部分，就像快乐和高兴一样，它们是并列存在的。你不仅得允许它存在，而且还要接受它的存在。

孩子进入幼儿园，没必要强迫孩子马上就进入学习状态。很少有人能在这两种模式中自由转换，而这种转换是需要一个过渡期的，只是过渡期不要太长即可。

2.帮孩子调整作息，收回玩心

在上学前几天甚至更久时间，家长就要严格按照孩子未来在幼儿园的作息时间安排孩子的生活与时间，尽可能地按时起床、睡觉和用餐和学习。

通常来说，孩子在上学前的睡觉时间一般比较晚，玩乐的时间也比学习时间多，这都是要重点调节的内容。

3.与孩子一起用仪式迎接幼儿园生活的来临

心理学家建议说，与我们人生中的很多重大事件一样，帮助孩子进入幼儿园也需要仪式，我们可以带领孩子一起回忆有趣的童年生活，并尽量做一个书面总结，告诉孩子，当总结做完，意味着他要进入学校了。

4.提前制订新学期学习计划

幼儿园的生活尽管主要以游戏为主，但也要有一定的学习计划，比如认识多少个动物的名称，学习多少数字，这都需要

计划，计划的内容应让孩子经过努力可以达到，期望值不宜太高，让孩子还没执行就自动放弃。

5.运动是最好的心理调节方式

在上学之初，不妨多给孩子些运动的机会。比如步行、骑儿童车、拍球等。幼儿园则可以活动、游戏为主，学知识的时间适当减少一点。给孩子们一个"适应期"，逐步适应幼儿园的节奏。

6.饮食调理，缓解孩子的疲劳感

饮食应该以清淡为主，要充分补给富含维生素的饮食，减少脂肪摄入量。少吃油炸食品，以防超重和肥胖。

另外，儿童心理学专家建议，要从小培养孩子独立的个性，不要过度迁就。孩子的事情，最好鼓励孩子自己完成，家长最好不要全部代劳，要让孩子在生活中得到锻炼，学会自理生活；同时要从小培养孩子的社交能力，多让孩子与外界接触，多参加社会实践活动。

家长多鼓励孩子，更容易帮助孩子树立信心；斥责和恐吓只能使孩子更退缩。

其实，孩子不想上学是正常现象，这是他们第一次离开父母，需要一定的时间适应，只要家长有策略地做好引导，孩子会很快适应新学期的生活。

独立意识萌芽期,放手让孩子管理好自己

有位妈妈在谈到教育女儿的心得时说:"我们家里虽然是祖孙三代,可孩子爷爷奶奶对女儿的独立性培养很重视。只要是女儿能力范围可以完成的事情,我们都让孩子自己做,其他人在旁边,在必要的时候给予她指导。在上幼儿园小班前的那个夏天,突然有一天,女儿高兴地说:"我自己会穿衣服了,你们都下去吧,我自己的事情自己做。"让我感到十分高兴的是,她竟然真的自己穿上了衣服。虽然穿得歪七扭八的。我不失时机地夸奖了她,她高兴地一蹦一跳的。"

和这位母亲一样,要教育出自立的孩子,必须培养他的自理能力,而当孩子3岁以后,他们即将进入幼儿园,此时,父母不再24小时为孩子"服务",而更需要孩子学会管理好自己,另外,我们的孩子总有一天会长大的,小的时候受到一点挫折,凭借自己的力量解决,明天就会独立成长。孩子总要离开父母的怀抱。走进竞争的社会,家长放手越早,孩子成熟越早。早些让他自立,孩子的责任感会增强,逐渐有了自己的主见,也就逐渐能自立了。

另外,让孩子尽早学会管理自己,也是培养其动手能力的重要方法。苏联著名教育家苏霍姆林斯基也说过:"儿童的智慧在它的手指尖上"。心理学家也一致认为手指是"智慧的前哨",这说明动作的发展多么重要。动手能力是一种最基本的

而又十分重要的学习能力，父母在教育孩子，开发孩子智慧的时候，不妨从培养她的动手能力开始。

在这点上，家长应注意以下几点：

1.父母首先要学会放手

幼儿园开家长会，老师特意向孩子的父母布置了一项家庭作业——教会孩子剥鸡蛋壳。一位妈妈在下面小声地说："这多为难孩子啊，我家女儿还不知道鸡蛋长什么样呢！"老师觉得很奇怪，孩子都这么大了，怎么会不知道鸡蛋什么样子呢，那位妈妈继续说："我总怕煮鸡蛋的蛋黄会噎着她，到现在还一直只给她吃鸡蛋清。"在场的老师和父母们都惊呆了。

这位妈妈真的很爱自己的女儿，在日常的生活中大包大揽，什么事都替孩子做好，孩子上幼儿园了连鸡蛋的样子都没见过。这样的爱摧毁了孩子的动手能力，最终将会导致孩子一事无成。

2.自己的事情自己做

孩子到了3岁，已经可以做一些事情，这正是培养自理能力的好时候，而从自己身上开始做、自己能做的事情自己做，这是一个很好的方法。比如自己喝水、自己走路、自己吃饭等。

3.面对孩子的"慢动作"要保持足够的耐心

我们经常在家庭中看到这样一些现象：临出门前，孩子收拾书包或者穿衣服、鞋子，半天也没有弄好，妈妈着急出门，便一下子冲到孩子面前，一边数落，一边帮孩子去做。其实，孩子的行为本来就比成人慢，一方面他们的行动能力不足，在我们成人看来很简单的事，孩子却未必能快速做好，另外一方面，他们对这个世界充满好奇，我们要允许孩子慢慢摸索，所以，家长要有足够的耐心。

并且，对于我们此处提到的问题，完全有办法解决：其实我们可以提前出门，这样，哪怕孩子做得慢，也不会耽误时间了。

4.对孩子的努力和好的表现及时奖励

当孩子很努力去做一件事或者在某件事上得表现不错，我们就不要吝啬鼓励和嘉奖，这样能促进孩子的行为表现。不过我们奖励孩子，尽量不要以物质的形式，比如给孩子买玩具、买好吃的东西等，因为这样无形中会激发孩子错误的行为动机，会认为努力就能获得更多物质奖励，这样容易刺激孩子的虚荣心，时间久了，反而会阻碍孩子的健康成长。

我们奖励孩子，可以是用表达爱的形式，比如对他笑一下、拥抱、给他一个大拇指等，这样就够了。孩子从家长的表情、动作就可感知你的鼓励，他们在感受到鼓舞后，会产生更高的积极性、争取更好的表现。

5.鼓励孩子帮助家庭里其他成员做一些力所能及的事

家庭是社会的缩影，孩子在家庭里有怎样的表现，他们在未来也可能会如何表现，家长要引导孩子多为父母做些事情，哪怕是很小的家务活，比如扫地、擦桌子、洗碗筷等，从小培养孩子为他人着想的意识。

孩子需要友谊，别让孩子孤独成长

王太太发现，3岁半的女儿丽丽最近有点不高兴，经过问询后才得知，原来丽丽最好的朋友小芳最近有了新朋友，便不理丽丽了。王太太心想，怪不得这孩子最近也不来家里"蹭饭"了，也不和女儿一起说小秘密了。

为此，丽丽闷闷不乐了好长一段时间，有一次，王太太开家长会遇到了小芳的妈妈，问过以后才知道，原来那次是丽丽弄坏了小芳的铅笔盒，丽丽并没有道歉，小芳一气之下就不想和丽丽当朋友了，丽丽妈妈在了解情况后，回家和丽丽好好沟通了下，丽丽终于鼓起勇气和小芳道了歉，几天之后，两个小朋友又一起说说笑笑了。丽丽妈妈感叹，孩子的情绪真的都是挂在脸上的呀。

从这个小故事中，我们可以看出，幼儿园的孩子已经开始学会交朋友并且有了社交情绪，且能在成人的指导下进行处理。不得不说，我们的孩子都需要朋友，他们能从与小伙伴的交往中获得快乐，但孩子毕竟是孩子，需要我们的指导，那么，我们该如何指导孩子在幼儿园成为一个受人欢迎的小朋友呢？

1.帮助孩子克服自卑，具备自信心

生活中，有这样一些孩子，与人交往中，他们总是表现得很自卑，甚至躲着他人，走路时低着头，说话时只有自己听得见，不愿跟熟人打招呼，不敢正视他人的眼睛，这些表现都是恐惧心理在作怪。要想处理好人际关系，首先就必须克服这一点。

高度的自信心意味着对自己信任、尊重和肯定，也意味着对自己生活的实力充分的了解。

因此，我们要告诉孩子，要把与人交往当成一种兴趣而不是负担，你要明白，现代社会，没有人可以活在自我封闭的世界里，每个人只有在与人交往、不断学习的过程中，才会获得自我提高和发展。

2.帮助孩子完善个性品质

我们应该告诉孩子，只要你拥有良好的交往品质，走出恐惧的第一步，就能受到朋友们的喜欢，慢慢地，心结也就能打开了。

"人之相知，贵相知心。"真诚的心能使交往双方心心相印，彼此肝胆相照，真诚的人能使友谊地久天长。

3.引导孩子培养健康情趣

健康的生活情趣可以有效地消除孤僻心理。闲暇时，你不妨带领孩子潜心一门学问，或学习一门技术，或者听听音乐、看看书、养养花草等。

4.家长可鼓励孩子与人交往

家长要鼓励和带领孩子多和别人交往，特别是与开朗活泼的同龄人交往，并带领孩子参加力所能及的社会公益活动，借助家庭、学校、孩子的伙伴、亲朋好友的作用，给孩子提供良好的社交平台。

5.面对胆小的孩子,家长切忌将其与同龄孩子对比或者辱骂孩子

应该不失时机地与孩子沟通,给孩子以鼓励和赞扬,帮助并引导孩子努力克服自身的弱点,尽可能避免孩子因胆怯而产生紧张心理,缓解孩子的胆怯,促进孩子健康成长。

6.不能让孩子搞特殊化

在家庭生活中要形成一定的"公平"环境,这无疑对防止孩子滋长"独享"意识有积极的意义。爸爸妈妈还要教育孩子既看到自己也要想到别人,知道自己与其他成员是平等的关系,自己有愿望,别人也一样有愿望,好东西应该大家分享,不能只顾自己不顾别人。

7.告诉孩子要学会分享

对此,我们要注意两点:

(1)对孩子进行分享行为的训练可以从婴儿期开始。如孩子拿着镜子,爸爸妈妈拿着匙,爸爸妈妈温柔而愉快地递给孩子匙,然后从他手中拿走镜子,通过这样反复地交换,孩子便学会了互惠和信任。

(2)给孩子分享的实践机会。经常让孩子与小朋友开展生动有趣的活动。孩子与小朋友们共同活动,共同分享活动的快乐。另外,应常创造孩子为爸爸妈妈服务的机会,如家里买了水果、糕点时,让孩子进行分配,如果孩子分配得合理,就及时表扬强化。

每个人都有社交圈子，出去结交朋友是不可缺少的活动，我们的孩子也是。为此，我们要学会引导孩子积极与人交往，多与幼儿园的小朋友搞好关系，让孩子拥有一个快乐的幼儿园生活。

幼儿园是培养孩子合作能力的重要场所

现在的孩子都是家里的王子和公主，父母常把最好的东西给他，因此，很多孩子自我意识过于强烈，不懂得分享，也不明白合作的重要性。当今社会，合作的重要性已经毋庸置疑，作为父母，我们也要着力培养孩子的合作意识和合作能力。

善于运用人际关系本来就是孩子天生的能力。而我们教养孩子的重要目标，就是要培养孩子的情商，让孩子懂得运用人际关系来获取成功的捷径。让孩子从小明白合作是成功的捷径，孩子就会在奋斗的过程中事半功倍。其实，幼儿园就是培养孩子合作能力的重要场所。

当我们的孩子3岁以后，他们就开始进入幼儿园。幼儿园与家庭生活完全不同，幼儿园这一集体内，孩子一起生活，一起学习，一起做游戏，更需要考验孩子的合作能力。

那么如何培养孩子与人交往与合作的能力呢？家长们不妨从以下几个方面入手：

1.教育孩子信任朋友

在孩子交友的过程,要教育他们信赖朋友,珍惜友谊,不要轻易地怀疑、怨恨、敌视他人,不允许无故欺侮弱者。

2.引导孩子学会分享

在许多人眼里,帮助他人,意味着付出,意味着对自我的克制,其实更多的人还是在助人的过程中发现了快乐,帮孩子体会与人分享带来的快乐,他会更愿意与人分享并帮助他人。应尽量避免给孩子树立负面的榜样。

3.让孩子清楚自己的份额

从孩子3岁起,就要让孩子开始认识到自己在家庭中的位置。比如说,有了好吃的,不要只留给孩子一个人吃,可以根据家里的人数分成几份,让他知道自己的食物只是其中的一份,而不是全部,懂得与人分享的概念。如果爸爸妈妈舍不得吃,可以留给孩子,但是要让孩子知道这种"优待"之中有父母的自我克制和爱,并不是理所当然。

4.让孩子多替别人想想

孩子之所以会自我中心,因为他不知道自己的行为会给别人带来什么样的负面影响,可以引导孩子站在他人的角度思考问题,学会换位思考。

5.培养孩子做一个让人信赖的人

人与人之间只有互相信赖,才能互相合作。而要能够让别人信赖,就要努力使自己成为一个可以让人信赖的人。为了做到这一点，父母应该教育孩子遇事先为别人着想，为人处世要讲信用，做到言必信，行必果。

6.培养有爱心、关心他人的孩子

孩子无论在学校或家庭里，都有要养成这样的好品德：在家尊老爱幼，在校尊教师、爱同学。因为只有关心别人，才有可能与别人合作。

7.让孩子自己解决与人交往中遇到的矛盾

当孩子达到一定年龄时，不妨让他们自己处理纠纷，大人不要越俎代庖。

8.鼓励孩子积极参与各种有益的社会活动

让孩子初步适应一定人际交往的环境。还可以通过某一有意义的活动，增强孩子的集体观念，使他们在集体活动中养成团结友爱，助人为乐的品质。对不合群的孩子更应该争取各种机会，让他们参加到伙伴群中去。当子女的伙伴来家玩时，要热情接待，并给以一定的尊重和必要的礼节。

9.父母的言传身教

父母本身应该待人宽厚。对家庭成员，对邻居，对同事都要热情、平等、谦虚、礼貌，并能互相帮助。父母是孩子的第一任也是终生老师，这些生动而又直观的形象"教材"能在潜移默化中逐步移入孩子的精神世界，使他们在与人合作时，自觉地把父母的言行举止作为效仿的榜样。

作为孩子的父母，要大胆地积极地为他们的这种与人的交往创造条件，培养他们与人合作的能力和意识。将来，在孩子遇到一些生活和社会难题的时候，便能借助与人合作的力量解决。另一方面，通过人际交往和同学间的必要合作，能够帮助孩子改变和矫治这种不良的心理品质。当孩子具备一定的能力和品质的时候，也就具备了成才的条件！

第09章

爱玩是孩子的天性——让孩子在玩乐中自由探索世界

作为父母，我们都知道，人都是充满好奇心的，对于自己不明白的问题，我们总是想探个究竟。这一点，对于3岁的孩子来说更是如此，他们爱玩，爱游戏，爱探索，都是因为他们对这个世界充满好奇，但很多父母，为了能让孩子花更多的时间学习，却扼杀了孩子爱玩的天性，这也扼杀了孩子探索的积极性。其实，聪明的做法是让孩子在玩乐中开发智慧，在玩乐中学习，从而促进其智力和心理的全面发展。

爱玩是孩子的天性，如何从玩乐中开发孩子的智慧

作为父母，我们都希望孩子能有出色的表现，都希望孩子有好的学习成绩，因此，很多父母认为，绝对不让孩子输在起跑线上，孩子的教育就要从幼儿园开始抓起，就要让他们多学知识，无形之中，孩子玩的机会就被剥夺了。而实际上，幼儿园阶段，孩子的主要活动是游戏，幼儿园这样的设计并不是无道理的，因为玩是开发孩子智力的一种重要手段，是孩子动手动脑、开发智力、培养能力的好方法。家长不要一味地反对孩子玩耍，不要粗暴地剥夺孩子玩的乐趣，而要充分利用孩子爱玩的天性，开发孩子的智力。

我们来看下面两个案例：

丁丁今年3岁半，刚上幼儿园，从3岁开始，丁丁觉得自己再也不开心了，因为他的妈妈不让他和别的小朋友玩耍了，还给他报了钢琴、形体、象棋、书法等各种各样的培训班。妈妈说丁丁不能输在起跑线上，不能比别的孩子差。就这样，从3岁开始，丁丁每天除了要去幼儿园，还要穿梭在各个培训班之间，有时候，从幼儿园出来就直接去上培训班。

丁丁每天看着和他同龄的小朋友跑来跑去地玩耍，羡慕极了。他多想和其他小朋友一样无忧无虑地玩啊！

第 09 章
爱玩是孩子的天性——让孩子在玩乐中自由探索世界

无独有偶,丹丹的妈妈也这样要求丹丹,现在的丹丹虽然才3岁半,但是已经认识了好几百个生字,并且会背一些古诗了。因为从2岁多的时候,妈妈就不让丹丹和小朋友玩了,她认为这样是浪费时间,她将丹丹的洋娃娃都收起来了,只是让她学习认字和背古诗,每次,家里来客人,妈妈都让丹丹给大家表演背诗,每次客人都夸丹丹聪明。妈妈开心极了,但是丹丹却怎么也高兴不起来……

的确,对于幼儿园小班孩子的教育,很多父母认为孩子就应该认识汉字、背古诗或者学数学、会念多少个单词……甚至我们不惜花费大量的时间和金钱送孩子去学钢琴、舞蹈、美术等,而我们这样的做法真的能让孩子增长智慧吗?

为此,我们首先要了解孩子智力开发的特点。

儿童教育专家认为,3岁的孩子的思维活动是在动作中进行的,因为的思维是以直观行动为基础的。这就是为什么幼儿园教育孩子主要从游戏开始。

我们发现,这一阶段的孩子的思维更多地依赖于某个情境,他们在处理思维时也离不开某个实物,比如,给他们玩具,他们就能很好地玩游戏,但一旦拿走,游戏和思维也就停止了。

这个思维阶段的孩子,他们的思维只能在动作中进行,常表现为先做后想,边做边想,动作一旦停止,他们的思维活动也立刻结束。比如,孩子画画的时候画一个圆,说是太阳,后

来看着不圆，他可能就会说是月亮。

所以，对于3岁的孩子来说，对他们进行枯燥的知识灌输是不会起多少作用的，他们需要在玩耍中学到知识，开发智慧。

孩子在玩耍中会不停地运动，孩子动作能力的发展直接影响着智力的发展。因为动作能刺激孩子的大脑皮层，使之更加活跃，更加精确地支配孩子的动作。另外，动作能加快神经纤维髓鞘化，这是神经系统成熟的标志之一，更使得神经传导速度加快。

科学研究表明，对于3岁左右的儿童，爱玩耍的孩子大脑比不爱玩耍儿童的大脑至少大30%。因为，在运动和玩耍的过程中，儿童要完成几十种与大脑和思维活动有关的动作，如掌握平衡、协调心理、处理问题等。通过玩耍和运动，孩子能提高识别物体的能力、语言表达的能力和思维想象创造力，还能消除心理压力和恐惧感等。

因此，成人不应忽视对孩子运动、动作能力的发展和训练，要尽量为孩子创造适宜的环境和条件，鼓励孩子去活动、运动，从而促进其智力和心理的发展。

那么，我们应该怎样引导孩子从玩乐中开发智慧呢？

答案是要引导孩子从某个具体形象进行思考，比如孩子平时喜欢玩水，我们就可以让孩子知道水的物理形态，当孩子兴致勃勃地拍打着水花，我们就要告诉孩子："你看，水是液体，因为它是流动的。但它会变化，你见过不流动的水吗？"

我们可以把水放到冰箱里，过一段时间拿出来让孩子看看固体的水，他就认识了水的物理形态。

由于我们的引导启发，孩子在玩耍中就会主动观察思考，这样，孩子的智慧就会得到很好的开发。

总的来说，年幼的孩子的主要活动就是玩，他们的成长也离不开玩，如果剥夺了孩子玩的时间和权利，就等于剥夺了孩子学习成长的机会。事实上，我们不但要允许孩子玩，还要陪着孩子玩，并帮助孩子在玩耍中开发智慧，陪孩子一起长大。

不要过多地限制孩子，让孩子自由玩耍

心理学家告诉我们，人类的行为在很大程度上都是趋乐避苦所致，良好的情绪是大脑思维的润滑剂。所以，我们开发孩子的智慧，也要让孩子感受到快乐，而孩子的快乐来自于玩耍。

成功的家庭教育就在于把握住儿童的爱好和潜能，寓教于乐，在轻松愉快的环境中提高儿童的各项能力。

然而，生活中，就有一些父母，在孩子很小的时候，就想让孩子识字，但他们却不讲教育方法，仅仅在纸上写几个字，让孩子照葫芦画瓢，进行模仿。这样教育，孩子毫无兴趣，自然也学不好。而父母便认为孩子是在偷懒，往往采取惩罚的手

段。这样的教育方法，只会让父母累，孩子苦，但收效甚微。这种教育方法还会造成孩子的逆反心理，在将来上了学后，也会对学习发怵，甚至出现逃学的行为。

可见，如果我们不顾孩子的情绪状态，对孩子软硬兼施，单方面根据自己的想法来对孩子提出要求，让孩子学这个那个，这些要求很可能造成儿童情绪上的不稳定，令他们很反感，甚至令他们产生逆反心理，令亲子关系变得紧张起来。而聪明的家长会尊重孩子爱玩的天性，让孩子自由玩耍，并寓教于乐，让孩子真正获得快乐和成长。

因此，我们可以说，让孩子在婴幼儿时期有充分的玩的机会，对于孩子的智力和非智力因素的发展都是极为重要的，同时，也能避免孩子出现某些身心上的障碍。

另外，有些家长总对孩子不放心，对孩子的活动范围过多地加以限制，结果抑制了孩子主动性的发展，致使孩子习惯于一切坐等父母安排，生活自理能力差，遇到新环境、新情况就不知所措。

所以，让孩子经常参加一些活动，有助于他们在心理上摆脱对父母的依赖，同时可以开阔孩子的视野，增长孩子的见识，培养孩子的责任感、事业心、钻研精神和独立能力等。如节假日带孩子去野外踏青郊游的时候，你可以让孩子留心大自然的景象及其变化，让孩子运用他自己学到的语文、数学知识来解释周围的现象，并不断提出"为什么"，家长适时给予点拨。可以任孩子去跑、去玩、去交往,让孩子仔细观察人们的社会生活,观察人们是如何进行劳动创造的,从而激发孩子的劳动热情和创造欲望,使孩子的想象力自由驰骋,逐渐成长为一个大有作为的人。

　　因此,对孩子进行智能开发,我们一定要重视方法,最好能寓教于乐,因为对于3岁左右的孩子来说,本身他们大部分的时间都是在玩中度过的。因此,当你的孩子开始在草地上摸爬滚打的时候,千万不要喝止孩子,这是引导孩子掌握平衡和灵

活性的最佳时期。如果你的孩子大一点了，你还可以放手让他和同龄孩子一块游戏。

在一个人的成长过程中，游戏非常重要，尤其是在建立自尊和自信这一问题上，游戏的种类很多，比如在玩"扮演"类游戏时，一些女孩子就特别擅长扮演角色和设计游戏中的情节。

儿童能在游戏中认识自我，通过游戏，他们能选择决定玩什么，或者做什么，也可以决定和谁一起玩，最终他们完成身份的认同——这二者正是建立自尊必不可少的两个步骤。

通过游戏，儿童还可以发现自己有能力做些什么，因为游戏有助于培养他们在语言、社交、动手能力和解决难题等各个方面的能力，从而加强他们的自信和积极性。

可见，在玩乐中，孩子的智力、想象力、创造力、与人交往的能力等都得到了锻炼，这些都是将来接触社会时必须掌握的。

另外，我们要为孩子提供快乐轻松的成长环境，一个美好舒适的环境能给儿童带来积极的心理暗示。因此，我们要让孩子感受到来自家庭的爱，让孩子快乐成长。

总的来说，我们培养3岁孩子，一定要站在孩子的角度考虑问题，要给孩子玩耍的机会，并放手让孩子自由地玩耍和探索，不能一味地逼迫孩子，这样反而没有效果，甚至还会让孩子反感。

陪孩子一起玩耍，陪他一起探索未知世界

作为父母，我们都知道，孩子需要游戏，需要玩耍，会玩的孩子会更聪明，所以，一些父母也支持孩子在3岁时让他们多玩耍，但是却很少有父母能和孩子一起玩。至于原因，他们会说，大人的兴趣和孩子的差距太大了，孩子对这个世界充满好奇，但他们那些细小的兴趣在大人看来是无知且无趣的。但实际上，这并不是真的认可和支持孩子，如果我们能对孩子的兴趣予以关注，并能够和孩子一起做他感兴趣的事，那么这对孩子来说无疑是一种认可和支持。如此一来，孩子也能更加专注于自己正在做的事情。

我们从著名画家达·芬奇的成才之路上也可以发现，他的成功依赖于父亲彼特罗的支持。

达·芬奇出生在一个富裕的家庭，他一直很喜欢大自然的美景，且他一直想要将大自然的美丽景色呈现出来。他经常坐在草地上画那些昆虫、树叶等。对于这些在外人看起来很奇怪的爱好，他的父亲不但没有指责，反而给予儿子肯定与支持。在父亲的帮助下，达·芬奇很快在镇子里成了"小画家"。

一次，有位农民交给达·芬奇的父亲一块木板，希望达·芬奇能在上面作画。达·芬奇将木板刨平，用锯做成盾牌的模样。等完成之后，他便在上面画了自己最熟悉的小动物。画成后，他拿去给父亲看。父亲看到画面不但结构合理，而且

很逼真，画上的动物，诸如蛇、蝙蝠、蝴蝶、蚱蜢等小动物就像是真的一样。父亲高兴极了，决心支持孩子去学画画。

在父亲的大力支持下，达·芬奇更加投入到了绘画的学习当中，在绘画的世界里，他如鱼得水。后来还成了维罗奇奥的弟子。维罗奇奥是当时著名的画家，在他的指导和达·芬奇的努力下，达·芬奇取得了不凡成绩。

很显然，达·芬奇的成功有很大一部分原因来自于父亲的支持。在现实当中，你是如何对待孩子的兴趣的？在孩子表现出对某一事物浓厚的兴趣时，你有没有愉快地参与进来？在孩子全身心地投入到自己感兴趣的事情中时，你会不会任意打断？

我们唯有给孩子支持并陪伴他做他喜欢的事，他才能感受到支持和鼓励，也才能专注地将一件事坚持到底。有不少父母总是抱怨，自己经常和孩子一起做事，可收到的效果却不尽如人意。事实上，当父母陪孩子做他并不喜欢的事情时，是很难取得理想效果的。所以说，最重要的不是父母花了多少时间陪孩子，而是是否和孩子一起做了他喜欢的事。比如，当父母下班回家后，陪孩子一起画画、一起唱歌、一起就某个他感兴趣的问题展开一番讨论，或者一起看场球赛、一起去电影院看一场电影，等等。这些事情或许花费不了父母多长时间，但是因为父母的加入，孩子会更加投入，也更加快乐！

为此，在日常的家庭教育活动中，父母可以：

1.参与孩子对未知世界的探索中

孩子对这个世界是充满好奇心的,总想摸一摸这个,看一看那个,他们就像是天生的"探险家",对于未知有着浓厚的兴趣。有的家长可能觉得孩子这样很调皮,但其实,这是引导孩子的最佳机会。

有时候,在我们父母看来,孩子的一些行为很危险,但是这并不能成为扼杀孩子天性的理由。如果想要孩子健康成长,那么父母不妨参与到孩子的探索当中。这个过程既保证了孩子不会偏离方向,又能趁机引导孩子学习,是一举两得的。

而且,父母的参与和支持能够让孩子对兴趣持之以恒,还有利于亲子关系。

2.将孩子的兴趣与知识学习结合起来

培养孩子的兴趣,尊重孩子的兴趣,归根结底还是为了让孩子能够在此基础上有所发挥,将来能够取得好的成绩。因此,聪明的父母会想办法把孩子的兴趣和学习联系起来。

比如,孩子喜欢做游戏,那么我们可以告诉孩子,要想成为游戏高手,不但要多玩,更要将语文、数学、英语等科目学好,以后才有可能成为游戏设计大师,孩子自然会产生更浓厚的兴趣。

比如,孩子喜欢玩扑克牌,一些父母认为孩子这么小就喜欢赌博,于是大声制止,但其实,我们完全可以引导孩子锻炼他们的心算能力,这样孩子就会产生对数学的兴趣;也可以通过猜谜语等形式教孩子认识、理解字词。可以通过玩卡片的形式与孩子一起学习英语单词。这样一来，就会让孩子将兴趣和学习知识相结合，也就不容易感到学习是一项沉重的负担了。

总的来说，生活中，有一些父母是支持3岁的孩子多玩的，不过只有很少的父母能够和孩子一起玩、做他感兴趣的事。实际上，这种做法不但能拉近亲子之间的距离，而且能让孩子做起事来更加专注。因此，父母们还是积极行动起来吧，参与到孩子感兴趣的事情中去，相信会收到意想不到的效果。

游戏能培养孩子的社会交往能力

现代社会，任何一个人都需要掌握一定的社会交往能力，一个人的价值很大一部分是在社会交往中实现的，而很多父母也已经认识到这一点，并开始着手培养孩子的这一能力，这一能力的培养越早越好，所以当孩子3岁、进入幼儿园学习后，家长应该鼓励孩子多与幼儿园小朋友交往。

心理学研究表明，幼儿期是一个人社会交往能力迅速发展的时期，是其实现社会化的关键期。在这一时期，幼儿通过交往可以学会合作、分享、协调、助人等社会交往技能。

"我女儿3岁半了，很可爱，就是特爱害羞，碰到熟人也一样，有时甚至还会因害羞而哭闹。我也跟她讲了很多道理，可还是不管用。这该怎么办？"

这是一位漂亮妈妈对儿童心理学家说的话。其实，孩子到了3岁，正是他初步进行社会交往的阶段，孩子在这个阶段会学习如何来面对家人以外的人。在这之前他的身体还不够自如，语言表达也比较简单，更多地需要成人来猜测他的意愿。可以说，他的生活处处依赖成人。而孩子到了这个年龄以后，基本都开始上幼儿园，会接触到很多的同龄小伙伴，生活范围一下子扩大了。这时，他们需要自己去面对很多的"陌生人"，因此也需要一个适应的过程。

不过，和孩子的很多其他能力一样，我们对儿童社会交往能力的训练，也要从游戏开始。专家指出："幼儿园教育应尊重幼儿的身心发展和学习的特点，以游戏为基本活动。"德国幼儿教育家福禄贝尔在《人的教育》中也说道："儿童早期的游戏，是具有深刻意义的，是一切未来生活的胚芽。"可见，游戏对于幼儿的发展有至关重要的作用。

而在幼儿园中，角色游戏是最具社会性的一种交往形式。幼儿通过扮演角色，运用模仿和想象，体验并解决人与人之间的关系问题，从而排除自我中心，积极参与交往求得与环境的融洽和谐。正如福禄贝尔所说，游戏对于幼儿的发展有至关重要的作用。在幼儿园中，角色游戏最适合幼儿身心游戏发展的需要，是最具典型、最具特色、最具有社会性的一种交往形式。

那么,家长具体应该怎么做呢?

1.为孩子创造轻松的游戏环境

幼儿参与活动的愿望往往建立在游戏之中,为幼儿创设轻松愉快、毫无压抑的环境,才能激发幼儿去主动交往。在角色游戏中,因为没有了成人的直接旁观或干预,幼儿的心理状况通常是比较放松的,容易沉浸在自己的游戏情境中,也大多流露出最自然、最真实的状态。观察中发现,无论是平常性格外向还是内向的孩子,在情绪稳定的前提下,大多数幼儿在角色游戏中都乐于主动与同伴交往,或是愉快地去接受同伴的主动交往。

2.给予指导

家长给予适时地指导、启发,是发展幼儿交往能力的重要手段。专家指出:"游戏是对幼儿进行全面发展教育的重要形式。"因此,家长如何指导幼儿游戏就显得尤为重要。家长指导游戏时需要介入到幼儿的游戏当中去，介入的目的是引导幼儿继续游戏，从而提高游戏质量，在角色游戏中，促进幼儿交往能力的发展。

3.创设机会，给孩子与人接触的机会

除了游戏外，我们还可以带孩子参加故事会、联欢活动等，还可以经常带孩子走亲访友，或把邻居小朋友请到家中，拿出玩具、糖果、画报，让孩子慢慢习惯于和别的孩子交往。孩子通常需要安全感，所以起初有家长在一旁陪伴，会让他比较放心。

我们教育孩子，除了给孩子一个轻松舒适的生长环境、优越的生活条件、有品位的生活以外，还需要教会孩子如何自信的与人交往，而这需要我们在孩子还很小的时候就对其制定一些交往规矩。要知道，一个落落大方、平易近人的人才能赢得别人的赞同、尊重和喜欢，才不会孤独。

别剥夺孩子去感受和接触世界的机会

作为父母，我们都知道一个道理：成长是孩子自己的事，我们任何人无法代替孩子去完成，成长这一过程，也要孩子亲自去体验，因此，尽管我们都爱孩子，也别剥夺孩子去感受和接触世界的机会，尽管孩子还小，但也不要因害怕孩子受伤而

大包大揽，过分的代劳反而会让孩子缺少历练自己的机会。

一个3周岁左右的小男孩，被年轻的妈妈牵着小手来到公园的广场前，要上有十几个阶梯的台阶了。

小男孩却挣脱开妈妈的手，他要自己爬上去。他用胖胖的小手向上爬，他的妈妈也没有抱他上去的意思。当爬上两个台阶时，他就感到台阶很高，回头瞅一眼妈妈，妈妈没有伸手去扶他的意思，只是眼睛里充满了慈爱和鼓励。小男孩又抬头向上瞅了瞅，他放弃了让妈妈抱的想法，还是手脚并用努力地向上爬。他爬得很吃力，小屁股抬得老高，小脸蛋也累得通红，那身娃娃服也被弄得都是土，小手也脏乎乎的，但他最终爬上去了。年轻的妈妈这才上前拍拍儿子身上的土，在那通红的小脸蛋上亲了一口。

其实，教育孩子，我们都要有这位妈妈的耐心。显而易见，如果家长牵着、搀扶着孩子，就会使孩子产生依赖性，又怎么能很好地成长呢。然而，实际上，在家庭教育中，正是因为很多家长的事事代劳，剥夺了孩子去感受和接触世界的机会，这样的孩子又怎能在未来独当一面呢？

因此，我们在日常生活中，在教育孩子的过程中，需要注意：

1.让孩子学会自己照顾自己

家长首先应该让孩子尽量独立去完成力所能及的事，当孩子遇到困难时，不要一味包办，要让孩子自己想办法去解决。当然，开始时父母要予以必要的指导，使孩子慢慢学会自己处理各种事，而不能一下子不管，让孩子手足无措。

2.家长可鼓励孩子与人交往

家长要鼓励和带领孩子多和别人交往，特别是和开朗活泼的同龄人交往，并带领孩子参加力所能及的社会公益活动。借助家庭、学校、孩子的伙伴、亲朋好友的作用，给孩子提供良好的社交平台。

3.要带领孩子亲近大自然

亲近大自然是人类的本性，对于孩子来说就更是如此。就像我们看孩子堆沙丘，不过就是一堆沙，他却可以不厌其烦，每次都玩上大半天，而那些"城市里"的玩具，孩子可能一下就玩腻了，其实最单纯的东西，反而可以创造出多样的变化。

如果成天把孩子关在屋子里，让他待在狭小的空间里，容易让孩子在枯燥、无味的生活中变得郁郁寡欢，不仅会影响孩子的心情，还遏制了他各种能力的发展，影响其身心健康。因此，家长应把孩子从闭塞的空间里解放出来，创造条件让孩子去感知自然，体会自然的美丽和乐趣，让孩子在自然的怀抱中健康成长，提高感受力与专注力。

大自然的美好不仅可以刺激孩子的大脑细胞，提高大脑兴奋度，提高孩子的注意力，还可以让孩子的情感得以抒发，情绪得以释放，从而发挥更大的潜力。可以说，大自然是孩子学习知识、体验美与生命力得天独厚的课堂。在这个课堂中，孩子不仅可以感受到大自然的美好，更可以增长见识，锻炼自己

我的孩子3岁了

的意志力。

比如，我们可以让孩子玩沙、玩水、玩泥巴、触摸树叶花草等。需要注意的第一点是家长不要怕脏，反而要鼓励孩子玩儿，要与孩子一起玩儿，以激发孩子的热情。玩完以后要及时给孩子洗手和换洗衣服。第二点是要保护好孩子，不要让孩子把沙或泥土吃到嘴里去或弄到眼睛里。

总的来说，我们一定要给孩子一点接触世界的机会，放开手让孩子自己去交朋友，让孩子自己去做一些力所能及的事，让孩子尽情地玩耍，带孩子去领略大自然的美好风光，这样，我们的孩子才会有开阔的眼界和突出的动手能力，才能更快乐和聪明。

鼓励孩子进行探索性学习，增加孩子对学习的兴趣

作为父母，我们都知道，当今世界，任何人要想进步，要想跟紧时代的步伐，要想在激烈的竞争中脱颖而出，就必须努力学习。我们教育孩子，不仅要督促孩子努力学习，更要鼓励孩子进行探索性学习，因为探索性学习更能激发孩子的学习兴趣，进而更能开发孩子的智能和潜力。因为兴趣才是最好的老师，只有让孩子真的爱上学习，他们才能化压力为动力。

孩子到了3岁以后，就已经进入了幼儿园，此时，孩子的主

第 09 章
爱玩是孩子的天性——让孩子在玩乐中自由探索世界

要活动是游戏。3岁是进行探索性学习的最佳时期。

比如,有个孩子原本对幼儿园的一些知识学习不感兴趣,爱做小动作。班主任老师在一次家访中,发现了他爱饲养小动物。于是老师有意让他参加生物兴趣小组,并委托他饲养生物实验室的金鱼。由于他的兴趣得到合理引导,他不仅在课外活动中主动积极,而且说自己以后要学好生物课。

然而,在生活中,大多数的父母常常会持有这样的观点:学习才是王道,学那么多其他东西有什么用?在这种观念的影响下,我们常常会遇到以下几种场景:

当孩子想动手做手工的时候,家长会不屑一顾,对孩子

我的孩子3岁了

说:"这东西能提高成绩嘛?不要学了!"

当孩子想学计算机时,家长会说:"玩物丧志"

孩子想报一个美术班,但家长却常常用"你没耐性,还是别浪费时间了"来拒绝孩子。

其实,这些方法都是不正确的,其实我们的孩子本来对这个世界充满探索欲望,但是在家长的制止下,孩子的这种学习能力逐渐消失了,孩子一旦没有了这种执行学习计划的能力,他们很有可能就会丧失斗志。如果一直这样下去,就产生很严重的后果:孩子在知识和技能方面失去学习兴趣,更别说专注于科学文化知识的学习了。

那么,具体来说,我们应该如何鼓励孩子进行探索性学习呢?

1.鼓励他们参加益智游戏

在人的智能结构中,孩子对于外界的很多认知都是从游戏开始的,他们从游戏中学会如何解决问题,如何思考,以及如何与人相处合作等,因此,让孩子做各种益智类游戏,既能让孩子的思维活跃起来,也能提升孩子忆力、思维力、想象力,也促进他们的动手能力。

2.引导孩子学会探索性学习

一位家长这样分享他的育女经验:

"一个秋天的黄昏,我和女儿在公园里散步。看着树叶一片片落下来,女儿问我:'爸爸,为什么这些树叶会落下来呀？''因为秋天到了，天气凉了，大树要保存足够的能量过冬。为了使自己不至于被冻死，它只好忍痛割爱，把这些耗费能量的树叶先扔掉了。'听了我的解释，女儿若有所悟地点了点头。但我又反问了女儿一句：'你说为什么这些树叶是向下落，而不是向上落呢？'女儿皱着眉头想了一会儿，还是摇着头问我：'爸爸，这是为什么呀？'这时，我把一本早已经准备好的《十万个为什么》交到她手中，并对她说：'它会告诉你。'从那以后，女儿的问题仍然很多，但遇到问题时，她已经不再问我了，而是自己去《十万个为什么》中寻找答案。"

有疑问才会有探索，有探索才会有学习的机会。上述事例中这位父亲的做法很科学，虽然他为女儿详细解答了问题，但他却没有让女儿满足现有的答案，而是继续给女儿制造疑问，让她的探索一直延续下去。这样，孩子的学习欲望永远也不会停止。

总的来说，要想提升孩子对于学习的兴趣，我们要从小培养孩子探索的欲望，这不但能激发孩子的学习兴趣，还能提升孩子各方面的能力，更会促进孩子整体学习能力的提高！

第10章
让孩子遇见更好的自己——注重亲子沟通让孩子健康成长

3岁是孩子性格、心理、品质等形成的重要时期，在教育孩子的问题上，一些父母显得过于焦躁，孩子一旦出了些什么问题，就乱了方寸，以为大声呵斥就能让孩子听话，而实际上，最有效的方法是沟通。沟通，要求父母主动将自己的内心世界向孩子表达，同时多倾听孩子的心声，这样，才能了解孩子心中的所思所想。亲子沟通做好了，孩子能接受我们的引导，自然能健康成长。

激发孩子的自我认同感,提升孩子的自信

作为父母,我们都知道,每个孩子都是一个独立的生命个体,都有着无法复制的一些特征,正是这些特征,让我们的孩子区别于其他孩子,让他们成为我们心中独特的存在。一个孩子只有喜欢并接受自己,包括优点和缺点,相信自己是最棒的,才能在人生的路上勇往直前、无所畏惧。

著名宗教领袖马丁·路德·金说过:"世界上所做的每一件事都是抱着希望而做成的。"接受并喜欢自己,是建立自信和勇气的前提。让孩子从小在温馨和谐的家庭环境中成长,给孩子一个阳光积极的心态,才是真正的教养之道。

每一个人都需要自我认同感,成长中的孩子也一样,但实际上,很多时候,自我认同感的缺失,是父母的教育造成的。比如,从小给孩子贴上了"弱者"的标签,把孩子的缺点当成娱乐的对象,对孩子大加指责等,都会让孩子有一种"无用感"和"自我否定感",长期在这种心理状态笼罩下的孩子,是很难有勇气和自信的。那么,家长该怎样做才能让孩子喜欢自己,然后逐步建立起勇气和自信呢?

1.让孩子喜欢自己的性别

这是最基础的,只有先获得身份的认同,才能让孩子以自己的性别身份生存、生活、与人交往，从而赢得一种自我价值的肯定，对那些对自己的性别身份有疑问的孩子，家长一定要采取措施及时引导。

2.认可你的孩子，给他归属感

儿童教育专家认为，儿童的成长过程中，如果与父母、老师的关系处理不当，很有可能造成两败俱伤。儿童成长是一个不断寻求自我认同的过程。据美国著名心理学家埃里克森的理论，如果青少年感到他所处的环境剥夺了他在未来发展中获得自我认同的种种可能性，他就会以惊人的力量抵抗周围的人和环境。如果寻找不到自我认同的感觉，他们宁愿做一个"坏人"，或者干脆"死人般地活着"。而如果对自己有了认同感，知道自己是谁，他们就会有一种安定的感觉，并能够明确未来的方向，健康成长。

3.扩大孩子的交友范围，让孩子赢得友谊

朋友们认可他，能帮助他产生归属感，因为他们告诉他他讨人喜欢，被人喜爱。他们经常分享他感兴趣的事物，陪他打发时光，为他带来快乐，让他建立身份认同。他会想："和这样的人做朋友，我就是像他们一样的人。"真正的朋友在对方遇到麻烦的时候，不离不弃，为之提供支持。换言之，真正的朋友，对于他获得身份认同、建立自信、培养社交能力及给他带来安全感，都是非常重要的——如果他的朋友都是"良友"的话。

孩子与朋友关系密切，朋友几乎就是他个人的延伸。作为父母，一定要明白，拒绝他的朋友，就是在拒绝他本人，这使得你想开口对他说他"交错了朋友"变得格外困难。如果他的朋友想要破坏你的计划，挑战你的价值观并引发你的担忧，在你采取行动试图将他们排除在他的朋友圈之外前，请一定要慎重考虑。他们可能确实是正常的孩子，只是想挣脱大人的束缚而已。在你禁止任何事情之前，主动和你的孩子交谈，因为禁止可能导致事与愿违。

总之，父母是孩子人生路上的导航者，孩子在成长中，难免出现一些负面消极心态，父母要给予及时的排解。将孩子培养的勇敢而积极是父母给孩子一生最好的礼物！

积极乐观的孩子对未来永远充满希望

我们知道,积极的情绪体验能够激发人体的潜能,使其保持旺盛的体力和精力,维护心理健康;消极的情绪体验只能使人意志消沉,有害身心健康,甚至会导致了严重的心理问题。因此,学会保持乐观的生活态度与情绪,无论是对于成人,还是孩子来说都是十分重要的。

心理学的研究表明,乐观的孩子开朗、活泼;对待生活热情,不怕失败,敢于尝试;对事物充满极大的兴趣,创新意识较强。乐观的孩子,他们在学校的表现往往比较好,长大了也容易获得成功。

当然,乐观的心态不是每个人天生就拥有的,但是可以培养,从童年时代就应该开始培养。据儿童教育学最新研究指出:孩子在6岁以前的情感经验对人的一生具有长远的影响,这一期间,孩子如果易怒、暴躁、悲观、胆怯或者孤独、焦虑,自惭形秽,那么,其今后的个性发展和品格培养会受很大程度的影响。而且,如果孩子总是处于负面情绪的笼罩下的话,其身心健康和人际关系也可能会受到负面的影响。

家长在儿童的成长过程中一般只注重孩子的健康和智商,却忽略了影响孩子一生的至关重要的一点,那就是孩子心理的健康。那么,培养儿童积极乐观的心态,家长该如何做呢?

1.父母的心态影响到孩子的心态

作为父母，我们也是孩子的老师。父母如何对待人生的挫折，首先是对父母人生态度的一个考验，其次是对孩子给予何种影响。

如果我们在挫折面前积极乐观，把挫折看成一个人生的新契机，那么孩子在我们家长的影响下，也会直面人生的各种挫折，以积极的心态去迎接各种挑战。反过来，如果我们在挫折面前消极悲观，回避现实，那么只能降低自己在孩子心目中的威信，更不利于教育孩子正视挫折。

2.勿对孩子控制过严

家长当然不能不对孩子加以管教、听之任之，但是控制过严又可能压制儿童天真烂漫的童心，对孩子的心理健康产生消极作用。不妨让孩子在不同的年龄阶段拥有不同的选择权。只有从小能享受选择权的孩子，才能感到真正意义上的快乐和自在。具体来说，可以这样做：

（1）让孩子有时间享受"不受限制"的快乐。家中孩子一旦开始喊叫、跳跃，父母便会想办法制止，孩子只好越来越乖了。但由此带来的是：孩子的热情和活力在一点点丧失，孩子的心灵也感受到了压抑。

（2）让孩子参加体育活动。好的身体状况和运动技能，有利于让儿童树立正确的自我形象观。笑出声来对家长和孩子的健康都有好处。

（3）鼓励孩子多交朋友。不善交际的孩子大多性格抑郁，因为时时可能遭受孤独的煎熬，享受不到友情的温暖。家长不妨鼓励孩子多交朋友，特别是同龄朋友。本身性格内向、抑郁的孩子更适宜多交一些开朗乐观的朋友。

3.教会孩子与人融洽相处

和他人融洽相处者的内心世界较为光明美好。父母不妨带孩子接触不同年龄、性别、性格、职业和社会地位的人，让他们学会和不同类型的人融洽相处。当然，孩子首先得学会跟父母和兄弟姐妹以及亲戚融洽相处。此外，家长自己应与他人相处融洽，做到热情、真诚待人，不势利卑下，不在背后随意议论别人，给孩子树立一个好榜样。

4.物质生活避免奢华

物质生活的奢华会使得孩子产生一种贪得无厌心理，而依靠对物质的追求往往又难以获得自我满足，这就是为何贪婪者大多并不快乐的根本原因。相反，那些过着简单生活的孩子，往往只要得到一件玩具，就会玩得十分高兴。

5.让孩子拥有适度的自信

拥有自信与快乐性格的形成息息相关。对一个因智力或能力有限而充满自卑的孩子，家长务必发现其长处并发扬光大，并审时度势地多作表扬和鼓励。来自家长和亲友的正面肯定无疑有助于孩子克服自卑、树立自信。

6.创建快乐的家庭气氛

家庭的气氛，家庭成员之间的关系，在很大程度上会影响儿童性格的形成。研究表明，孩子在牙牙学语之前就能感觉到周围的情绪和氛围，尽管当时他还不能用语言来表达。可以想见，一个充满了敌意甚至暴力的家庭，绝对培养不出开朗乐观的孩子。

父母最好不要在孩子面前争吵，如果被孩子看到或听到，必须要当着孩子的面解决，表示父母已和好，还会和以前一样快乐地生活，这样有利于孩子的心理健康，不会对孩子造成对未来生活的恐惧感。

在对孩子的教育上，不能是父母一方在教育而另一方却在偏袒，正确的做法是父母要阵线一致，当然对孩子的教育以讲道理为主，而不是靠"打"。不过，对于一些原则性的问题，比如说谎、偷东西、逃学等，如果屡次说服教育不听，可以用"打"的手段以引起孩子的警诫，但"打"要在让孩子认识到错误并不再犯的同时也应顾及到孩子的自尊心，打后应及时给予孩子抚慰，让孩子明白打他的理由和父母的良苦用心及对他的爱。建立一种相互信任的关系，孩子会因为父母所表现出的对他的充分的信任感而自豪，有助于孩子乐观心态的形成。

7.不要苛求孩子完美

父母不可太过于追求完美，父母如果总是对孩子表示不满和批评，会伤了孩子的自尊，让孩子失去自信。

所以，教育是一门艺术，每个孩子的教育结果就是父母的艺术成果，历经磨练的儿童往往更乐观，面对问题和挫折更能以平和、阳光的心态面对，好心态能让孩子在成长的路上走得更稳健！

再忙，也要抽出时间与孩子沟通

现代家庭，代际沟通似乎越来越困难，这一点，不仅在青春叛逆期的孩子身上出现，甚至对刚上幼儿园的孩子也是，因此，很多父母感叹："现在的孩子真是很不像话，小时候还好，到了幼儿园之后，好像自己的主意一下子多了起来，好好地同他讲道理，他却不以为然，有时还把我们父母的话看成是没有意义的唠叨。他嫌我们烦，我们因他的烦而烦，一天话也说不上几句了。"

作为父母，你反思过没，你是否曾愿意与孩子倾心长谈一次呢？在孩子还在襁褓中的时候，你一般会用故事、音乐、聊天来哄儿子入睡，等他变成儿童了，你是否还愿意抽出时间与孩子交流呢？如果在孩子入睡前我们能一起坐下来清理一天的"垃圾"，不让忧愁过夜，这是不是一种积极的生活态度呢？有一位教育家说过："父母教育孩子的最基本的形式，就是与孩子谈话。我深信世界上好的教育，是在和父母的谈话中

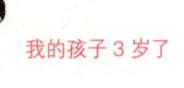

不知不觉地获得的。"如何做有效的沟通，是我们需要学习与探讨的。

儿童教育学家称，缺乏沟通是一切教育问题的根源。随着社会的进步，人们的生活水平不断提高，人与人之间的交流却少了，在我们心灵的港湾——家中同样也是如此。我们发现，有些父母总是用自己的想法来要求孩子，孩子一旦达不到自己的要求便对孩子冷眼相向，不理不睬；孩子表现优秀时也从来不会给孩子温和的言语和笑脸。受到父母的影响，孩子在与人交流的时候也不会太过友好。久而久之，他们更不愿意与父母沟通了。另外，很多孩子会认为家长对待自己的方式也会是别人对待自己的方式，所以他们会渐渐地疏远所有的人，把自己孤立起来。

如果你的家庭也是这样，那么请一定要反思，要多抽些时间陪伴孩子，与他们多沟通。

对此，儿童心理学专家建议：

1.找对谈话的时机

选择好的时机进行谈话是非常重要的，否则谈话达不到预期的目的。一般情况下，解决问题，最好越快越好，如果事情拖延下去，问题就会沉淀。

另外，从时间上来说，如果你需要和孩子交流一个严肃的话题，不要选择孩子放学回家刚放下书包的那段时间，因为一天下来的疲劳使人难以集中注意力，也不好控制自己的情绪。生理规律告诉我们，下午5~7时是新陈代谢速率最低点，迫切需要补充营养，恢复体力。而晚饭过后，心情逐渐开朗，这是父母与儿女分享家庭幸福，进行沟通的比较好的时机。

从心理需求上来说，孩子心理上最需要帮助和鼓励的时候正是恰当的时机，如果在此时谈话和他沟通效果会好的多。

2.选择一个合适的沟通场所

有些父母认为，和孩子说话，当然是选择家里了，其实，也不一定，如果家中无外人则可，但如若有外人在场，则应考虑孩子的自尊心和感受。

那么，什么场合适于和孩子的谈话呢？

这要视具体情况而定，如果孩子的表现良好、我们想要

夸张和鼓励孩子，可以选择人多的情况下，让大家都看到孩子的成绩和进步，当然，这样做还可能会产生一个负面效应：孩子容易骄傲，因此，如果你担忧这一点，这一方法就要排除；如果是批评孩子，或者谈及的话题涉及到孩子的隐私，则应该在私下里。因为在私下的环境下，能减少孩子的紧张或戒备心，能让孩子说出心里话，进而让我们更了解孩子。

另外，如果你需要和孩子静心交流、和孩子谈心的话，则应该选择一个平和安静、风景美丽的地方，因为这样的地方，可以让彼此心平气和、情绪稳定，心情舒畅，易于接受对方的意见。比如利用周末或假期，带孩子到公园或风景游览区，一边游玩，一边说说悄悄话，这样的沟通和交流一定会起到很好的效果。

3.每次只谈一个话题

有些父母认为，和孩子说话，机会难得，一定要多沟通。孩子虽然已经有了自我意识，但他们毕竟还是孩子，在同一时间内未必能接受父母的很多观点。另外，与孩子谈得太多，也容易引起他们的反感。

总之，父母和孩子沟通，一定要选择恰当的谈话时机和环境，这有助于给沟通创造一个良好的谈话氛围，心平气和地解决教育问题。同时，父母还应记住，即使再忙，每天都该抽出一点时间来和子女进行沟通！

保护孩子的自尊，自尊才能自强

有这样一句话"孩子未来的成功与幸福取决于我们营造的环境，而不是所教授的技能。"这就是我们教养孩子的全部含义，3岁的孩子虽然还很小，但已经有了敏感的心灵，我们如何培养孩子，决定了他在未来成为什么样的人，而我们培养孩子的第一步，就是保护孩子的自尊。

3岁的小宁已经一天没吃饭了，妈妈通过给幼儿园老师打电话，才知道孩子在幼儿园被同学嘲笑了，原因是小宁比其他孩子稍微胖一点。

妈妈对爸爸说："孩子虽小，可是自尊心也很强了。"

案例中的小宁之所以不吃饭，是因为被同学嘲笑而感觉自尊心受到打击。的确，自尊是人活于世的根本，自尊才能自信，才能自强，而作为父母，一定要维护孩子的这种自尊心，只有这样，孩子才能以健康的人格和心态去迎接未来的社会。

可是生活中，很多父母面对孩子情绪不对或者陷入困境时候，不是采取鼓励的措施，而是打压或者生硬地斥责；也有一些父母总是希望孩子能按照自己的意愿行事，结果导致孩子叛逆、自卑等。其实，这不仅是对孩子的不尊重，也伤害了一个孩子的尊严，对于成长期的孩子，我们只有给足他尊严，他才会自信。

为此，我们要做到：

我的孩子3岁了

1.尊重孩子的个性

每个孩子都是与众不同的，如同我们不可能找到两朵相同的花儿。每个孩子都有不同的感受事物的方式、玩耍的方式、思维的方式、学习的方式、享受的方式。正是这些"个别的特性"使他与众不同。

因此，家长要尊重孩子的个性，就应该对其内在品性的各个方面进行更为明确的理解，真正了解你的孩子才能根据其个性打造其独特的人生，让他更自信的生存。

2.孩子也要面子

俗话说，"树要皮，人要脸"，孩子也和成年人一样，他们也有"面子"，也需要得到众人的尊重。当他做得不好时，如果你马上指出来而没有考虑场合，难道不是没有考虑他的自尊心吗？

如果你当着别人的面说："看人家多自觉，你能不能长进点？"你会发现，孩子以后的问题会越来越多，而且越来越不听话，因为你不给孩子留面子。如果你当着老师的面、亲戚的面数落他，那情况就更糟，他要么变成可怜的懦夫，要么成为一个偏激者。因此，父母切记：不要在孩子面前说太多坏话。否则，你的"抱怨"会毁了孩子的社会形象，也毁了自己在孩子心中的形象。

3.不要总是负面地评价孩子

一般来说，如果孩子学习成绩不好或者在竞争中不断受挫时，一般会出现负面情绪，此时，我们要对孩子的归因进行一定的引导，孩子输了的时候，不要用"是因为你笨！"之类的评价，避免孩子将失败归因于自己能力差等内部因素，引导孩子在竞争中学会分析自己的能力、任务的难度、客观环境等，客观地进行归因。

4.尊重孩子的观点，比如多和孩子交流，听听孩子的心声

很多父母会因为自己父母的身份而感觉高孩子一等，他们习惯于命令孩子、替孩子拿主意和做决定，他们没有想到的是，孩子虽然才3岁，但是他们也在日益成长，他们也在寻求自身对事物独立的看法，如果一味地强迫孩子按照我们的意愿来生活和学习，那么，无非会出现两种极端的局面，孩子要么对抗父母，要么缺乏主见和自信、自卑。家长要明白，你越是强制地让孩子接纳你的观点，他越是拒绝，即便你的孩子才3岁。

5.孩子失败时，告诉孩子："别怕，有爸妈在"

家长要多尊重孩子的自尊心，要尽可能支持他们，尤其在他们遭遇困难、失败的时候，帮助他们分析事件和自己的心理，理出一条可行的，能够被孩子接受而不僭越事物平常规则的解决方案。一句"别怕，有爸妈在。"会让你的孩子真正感受到自己并不孤单。

6.帮孩子找到竞争的优势

我们要鼓励孩子，告诉他不必过分在意别人的评价，要相信自己。每个人都不可能是全才，有长处也有短处。父母首先

要帮助孩子找到自己的优点,帮助孩子建立坚定的自信。家长要引导孩子挖掘自己的优点,不断强化,使孩子走出自卑的困扰而变得自信起来。帮助孩子发现自身的优点和长处是克服害怕竞争的良方。

以上这些方式都是家长应该学习的,用正确的方式引导孩子的行为,维护好他的尊严,才不会伤他自尊,这也是让孩子维持自信的最佳方式!

蹲下身子,听听孩子想要说什么

生活中,很多父母总认为与孩子沟通,只有在孩子面前树立威信,才能让自己被信服,于是,他们在说话时尽量提高音调,以为孩子会听自己的话。但结果却常常事与愿违。其实,假如我们能蹲下身子,那么,孩子会感受到你对他的尊重,同时,他们也会集中注意力听你说话,沟通效果自然会好很多。这一点,对于年幼的孩子来说尤为重要。

有一个故事说:

有一位国王的儿子生了一种怪病,认为自己是公鸡。别人与他讲话他就学鸡叫。有一个人找到国王说他能治好王子的病。他一看到王子,就钻到桌子底下学鸡叫,两人一下子"语言"相通了。他们在一起玩、吃、住,慢慢两个人感情深了。

第10章
让孩子遇见更好的自己——注重亲子沟通让孩子健康成长

突然有一天,这个人说,我要变成人了,王子也说,我也要变成人了。

这个寓言故事很好的阐述了"蹲下来看孩子"的教育理念,也就是说,蹲下来,你才能看到和孩子眼界里一样的世界,就更容易理解孩子看到了什么,在想些什么。只有这样,才可以达到有效的沟通。

在与孩子沟通,尤其是批评他时,如果我们能蹲下身子,与孩子平等对话,和颜悦色地与孩子讲道理,那么,孩子会更易接受我们的观点。

我们先来看看下面这位妈妈是怎么教育孩子的:

周末这天,妈妈带着3岁的菲菲一起逛商场,菲菲看上了一件粉色的裙子,非要买。妈妈说该回家做饭了,但菲菲就赖着不走,非要妈妈买给她。这时候,妈妈蹲下来,对菲菲说:"我的乖女儿,妈妈知道你很喜欢这件衣服,但你发现没,你已经有十几件这样的裙子了。你看,妈妈每天都要辛苦地工作,才能挣钱给你买这些裙子。菲菲是不是应该体谅一下妈妈呀?"妈妈说完后,菲菲还是撅着嘴。妈妈一看菲菲这样的表现,就继续说:"要不,等下周妈妈发了工资就给你买,好不好?"听到妈妈这样说,菲菲高兴地答应了。

第二周的一天,妈妈下班后对菲菲说:"妈妈今天带你去商场买那件裙子好不好?"但菲菲却对妈妈说:"妈妈,我以后要做你的乖女儿,再也不乱买衣服了。"听到菲菲这样说,

妈妈欣慰地笑了。

　　这一故事中，菲菲妈妈的教育方法值得很多父母借鉴，当我们批评和教育孩子时，要考虑孩子的年龄特点，只有蹲下身子与孩子沟通，才能引导孩子听我们说话，从而最终接受我们的教育。相反，如果我们大声训斥孩子，则会让孩子产生逆反情绪。生活中，就是有这样一些家长，他们一遇到孩子犯错误的情况，就大声责骂孩子，而结果，孩子反对的声音比他更大，最终，双方的情绪都很激动，亲子之间的关系也变得很紧张。

　　家长在与孩子沟通时还需要注意几点：

1.鼓励你的孩子多吐露心声

　　作为家长，要在家庭中发扬民主，平时要多注意和孩子沟通，让孩子发表自己的观点，这可使孩子感觉到无论做什么，只有"有理"才能站稳脚跟，这对发展孩子个性极为有利。

2.多倾听，先不急着发表意见

　　即使孩子的看法与大人不同，也要允许孩子有自己的想法。父母应考虑到孩子的理解能力，举出适当的事例来支持自己的观点，并详细地分析双方的意见。父母不压制孩子的思想，尊重孩子的感觉，孩子自然会敬重父母。

3.给孩子一定的情绪空间

　　低龄时期的孩子，情绪是外放的，他们会选择哭闹来表达自己的情绪，因此，我们一定要给他们情绪空间，允许他们发脾气。当他们发脾气的时候你不要着急，不要焦虑，让他们发脾气，因为那是他们的需要，是自我发泄情绪的一种方法。

比如，他因为得不到第二件甚至更多的玩具而哭闹时，家长可以蹲下来继续告诉他说：

"今天这个玩具是一定不可以多买的，只能买一样，待会儿我们还回去。"

"不行，我就要！妈妈，那些玩具都很好！"

妈妈要继续坚持原则，可以坚持说：

"我们可以再去超市买玩具，但还是原来的规定，只能买一样，好吗？"

这个案例最重要的一点就是按照规则行事，这样的解决办法既没有伤害孩子，妈妈也没有生气，还为以后的教育铺平了道路。主要依据的是什么？依据的是孩子的性格特点，就这么简单。

4.即使批评孩子也不要伤害孩子的自尊心

孩子的内心是脆弱的，他们在某些行为习惯上有不对的时候，我们应该主动指出来，但一定要照顾到孩子的心情。比如，当他吃饭前不洗手时，你可以这样指出来："你知道吗？吃饭前不洗手是一件很不卫生的事，会滋生很多细菌。"这种有理由的指正，会让孩子接受你的建议。而相反，假如你说："你看你那脏兮兮的手，真恶心。"那孩子会怎么想呢？

我的孩子3岁了

日常生活中，我们在教育、批评孩子时，要用比平时更低的音量。因为降低音量能体现出对孩子的尊重、保护。反过来，若大声训斥，会让孩子产生一种心理错觉，他会认为你不爱他。总之，家长要想使孩子接纳你的意见，就要学会克制情绪，把沟通的音量降低。

鼓励孩子，让孩子表达出自己的想法

作为父母，我们都希望自己的孩子能省心，听话，因为孩子听话可以在小时候可以避免许多不必要的危险和麻烦。孩子的听话也让父母欣慰，因为听话的孩子肯定不笨，理解力强，善解人意。然而，这是一个强调创意的年代，如果习惯于听话，孩子在独立面对世界的时候，他会迷失自己，因为当找不到那个权威的发话人时，他不知道该听谁的。

一位幼儿教育专家到国外看到一个3岁的幼儿用蓝色笔画了一个"大苹果"，老师走过来说："嗯，画得好！"，孩子高兴极了。这时中国专家问教师："他用蓝色画苹果，你怎么不纠正？"那个教师说："我为什么要纠正呢？也许他以后真的能培育出蓝色的苹果呢！"

其实外国教师或家长这样容忍孩子"不听话"是有道理的，它可以保护孩子的想象力，激发孩子的创造力。可以说，这样的孩子更能适应未来社会激烈的竞争。那么，作为父母，要让一个习惯于听话的孩子表达出自己的想法，该怎样做呢？

1.不要一味地让孩子听话

任何时候，我们都不要向孩子提出这样的要求："你要听话。"的确，我们的孩子是独立的个体，他们不是父母的依附。家长没必要让孩子盲目听话，并且，我们也要将这一想法告诉孩子，让孩子感受来自父母的理解。

2.减少对孩子使用"真乖""真听话"这样的评价

一位妈妈总是喜欢夸奖儿子"真听话"，慢慢地孩子便事事按照妈妈的话去做。可是一旦让他自己拿主意，他就表现得无所适从。后来，妈妈不再夸孩子听话了，而是使用其他更具体的评价。比如，当孩子吃完零食，自己收拾垃圾时，妈妈就表扬他："对，吃完东西就收拾干净，这样既整洁又卫生！"慢慢地，孩子开始知道自己该做什么，不该做什么，而不用等待妈妈的吩咐了。

3.尊重孩子的感觉

孩子都有自己的想法，尽管他们的想法可能是幼稚的，甚至是错误的，但我们不能轻易否定他，要尊重他的感觉和选择。

妈妈带着3岁的小胖去买衣服，小胖看中一件上面印有奥特曼的外套。妈妈一看，那是一件质量很差的衣服，做工非常粗

我的孩子3岁了

糙。于是,妈妈给小胖选了另外一件。小胖很不高兴。妈妈耐心地跟他说:"那件质量不好,而且不适合你。这件质量好,比那件还贵呢!"可是小胖发火:"这件虽然好,但是没有奥特曼,不是我喜欢的。"

其实,孩子并不想买多么高档的东西,他们更注重自己的兴趣所在。只要孩子喜欢,就是买一件质量差的又有什么关系呢?

4.给孩子一些选择的机会

在听话的孩子身边,往往有个细心、周到、能干且具有

绝对权威的家长,他为孩子计划好了一切,却忘记了询问孩子的意见。父母应该多听听孩子的意见,多给孩子一些选择的权利。比如,家长可以问问孩子"今天咱们是去游乐场呢还是去植物园""明天奶奶过生日,咱们送给奶奶什么生日礼物好呢"。要记住,一旦你把选择的权利给了孩子,就要接受孩子的建议。

5.给孩子更多做事的机会

当孩子想要你帮忙拿挂在高处的东西时,你可以不直接帮助他,而是换个方式:"你自己有办法拿到吗""如果站到沙发上,可能会站不稳……对,站椅子上是个好办法""我想这个椅子对你有些大,你可能搬不动……嗯,这个小椅子很合适""哇,你居然用晾衣叉自己拿下来啦,真聪明。"

6.孩子的自由规定原则

给孩子最大限度的自由,才能培养孩子的独立性。不过即使这样,我们也不能让孩子任意妄为。父母应该给孩子定下一个原则,在这个原则之下,给孩子充分探索、自由活动的时间和空间,不要紧盯孩子的一举一动。比如,父母可以定下规矩:在外面玩不能去马路上,只能在楼前的这片空地上玩。但至于怎么玩、和谁玩,由孩子自己决定。

家长是孩子的第一任老师,沟通方式的正确与否直接影响着孩子的一生,古今中外的成功人士都有共同的优点,那就是有主见、有思想、有魄力,这样的人正是做大事的人,也是历经社会折磨和苦难的人。因此,家长必须要认识到,"为孩子拿主意"的想法是永远行不通的,只有鼓励孩子大声说出自己的想法,才能让他慢慢自立起来,成为一个有用的人!

参考文献

[1]朱永新，孙云晓，李燕.这样爱你刚刚好，我的3-4岁孩子[M].长沙：湖南教育出版社，2017.

[2]李静.陪孩子走过3-6岁敏感期[M].北京：北京时代华文书局，2017.

[3]简·尼尔森.3-6岁孩子的正面管教[M].北京：北京联合出版公司，2013.

[4]路易丝·埃姆斯，弗兰西斯·伊尔克，卡罗尔·哈柏.你的3岁孩子[M].北京：北京联合出版公司，2018.